MONSIEVR DE POVRCEAVGNAC,

COMEDIE.

FAITE A CHAMBORD, pour le Diuertiſſement du Roy.

PAR I. B. P. MOLIERE.

A PARIS,
Chez IEAN RIBOV, au Palais, vis à vis la Porte de l'Egliſe de la Sainte Chapelle, A l'Image S. Louis.

M. DC. LXX.

AVEC PRIVILEGE DV ROY.

Extrait du Priuilege du Roy.

PAR Grace & Priuilege du Roy, Donné à Paris, le 20. jour de Feurier, l'an de grace 1670. Signé, Par le Roy en son Conseil, BOVCHET. Il est permis à Iean Baptiste Pocquelin de Moliere, l'vn de nos Comediens, de faire imprimer, vendre & debiter vne Piece de Theatre, intitulée MONSIEVR DE POVRCEAVGNAC; & ce par tel Imprimeur, ou Libraire qu'il voudra choisir, pendant le temps & espace de cinq années entieres & accomplies, à compter du jour que ladite Piece sera acheuée d'imprimer pour la premiere fois : Et defenses sont faites à toutes Personnes, de quelque qualité & condition qu'ils soient, d'imprimer, faire imprimer, vendre, ny debiter ladite Piece, sans le consentement de l'Exposant, ou de ceux qui auront droict de luy, à peine de six mil liures d'amende, confiscation des Exemplaires contrefaits, & de tous despens, dommages & interests, ainsi que plus au long il est porté audit Priuilege.

Registré sur le Liure de la Communauté, suiuant l'Arrest de la Cour du 8. Auril 1653. le 28. Feurier 1670. Signé, A. SOVBRON, Syndic.

Ledit I.B.P. de Moliere a cedé le present Priuilege, à Iean Ribou, Marchand Libraire à Paris, pour en joüir suiuant l'accord fait entr'eux.

Acheué d'imprimer pour la premiere fois, le 3. jour de Mars 1670.

ACTEVRS.

MONSIEVR DE POVRCEAVGNAC.

ORONTE.

IVLIE, Fille d'Oronte.

NERINE, Femme d'intrigue.

LVCETTE, feinte Gascoñne.

ERASTE, Amant de Iulie.

SBRIGANI, Napolitain, Homme d'intrigue.

PREMIER MEDECIN.

SECOND MEDECIN.

L'APOTIQVAIRE.

VN PAYSAN.

VNE PAYSANE.

PREMIER MVSICIEN.

SECOND MVSICIEN.

PREMIER ADVOCAT.

SECOND ADVOCAT.

PREMIER SVISSE.

SECOND SVISSE.

VN EXEMPT.

DEVX ARCHERS.

PLVSIEVRS MVSICIENS, IOVEVRS D'INSTRVMENS, & DANCEVRS.

La Scene est à Paris.

L'Ouuerture se fait par Eraste, qui conduit vn grand Concert de Voix & d'Instrumens, pour vne Serenade, dont les Paroles chantées par trois Voix en maniere de Dialogue, sont faites sur le Sujet de la Comedie, & expriment les sentimens de deux Amans, qui estans bien ensemble, sont trauersez par le caprice des Parens.

Premiere Voix.

Répans, charmante nuit, répans sur
tous les yeux,
De tes pauots la douce violence,
Et ne laisse veiller en ces aimables lieux
Que les cœurs que l'Amour soûmet à
sa puissance.
Tes ombres & ton silence
Plus beau que le plus beau jour,
Offrent de doux momens à soûpirer
d'amour.

Deuxiéme Voix.

Que soûpirer d'amour
Est une douce chose,
Quand rien à nos vœux ne s'oppose!
A d'aimables penchans nostre cœur nous dispose,
Mais on a des Tyrans à qui l'on doit le jour:
Que soûpirer d'amour
Est une douce chose,
Quand rien à nos vœux ne s'oppose!

Troisiéme Voix.

Tout ce qu'à nos vœux on oppose,
Contre un parfait amour ne gagne iamais rien;
Et pour vaincre toute chose,
Il ne faut que s'aimer bien.

Les troix Voix ensemble.

Aimons-nous donc d'vne ardeur eternelle,
Les rigueurs des Parens, la contrainte cruelle,
L'absence, les trauaux, la fortune rebelle,
Ne font que redoubler vne amitiè fidelle:
Aimons-nous donc d'vne ardeur eternelle.
Quand deux cœurs s'aiment bien,
Tout le reste n'est rien.

La Serenade est suiuie d'vne Dance de deux Pages, pendant laquelle quatre Curieux de Spectacles ayans pris querelle ensemble, mettent l'épée à la main. Apres vn assez agreable Combat, ils sont separez par deux Suisses, qui les ayant mis d'accord dançent auec eux, au son de tous les Instrumens.

MONSIEVR DE POVRCEAVGNAC.

COMEDIE.

ACTE I.

SCENE PREMIERE.

IVLIE, ERASTE, NERINE.

IVLIE.

MON Dieu, Eraſte, gardons d'eſtre ſurpris; ie tremble qu'on ne nous voye enſemble; & tout ſeroit perdu, apres la defenſe que l'on m'a faite.

ERASTE.

Je regarde de tous côtez, & ie n'apperçoy rien.

IVLIE.

Aye aussi l'œil au guet, Nerine, & prens bien garde qu'il ne vienne personne.

NERINE.

Reposez-vous sur moy, & dites hardiment ce que vous auez à vous dire.

IVLIE.

Auez-vous imaginé pour nostre affaire quelque chose de fauorable? & croyez-vous, Eraste, pouuoir venir à bout de détourner ce fâcheux Mariage que mon Pere s'est mis en teste ?

ERASTE.

Au moins y trauaillons-nous fortement; & déja nous auons preparé vn bon nombre de Batteries pour renuerser ce dessein ridicule.

NERINE.

Par ma foy, voila voſtre Pere!

IVLIE.

Ah ſeparons-nous viſte.

NERINE.

Non, non, non, ne bougez, ie m'eſtois trompée.

IVLIE.

Mon Dieu, Nerine, que tu es ſotte, de nous donner de ces frayeurs!

ERASTE.

Oüy, belle Iulie, nous auons dreſſé pour cela quantité de Machines, & nous ne feignons point de mettre tout en vſage, ſur la permiſſion que vous m'auez donnée. Ne nous demandez point tous les reſſorts que nous ferons joüer, vous en aurez le diuertiſſement; & comme aux Comedies, il eſt bon de vous laiſſer le plaiſir de la ſurpriſe, & de ne vous auertir point de tout ce qu'on vous ſera voir, c'eſt aſſez de vous dire que nous auons en main diuers ſtratagémes tous preſts à produire dans l'occaſion, & que l'ingenieuſe Nerine & l'adroit Sbrigani entreprennent l'affaire.

NERINE.

Aſſurément. Voſtre Pere ſe moque-t-il, de vouloir vous anger de ſon Auocat de Limoges Monſieur de Pourceaugnac, qu'il n'a veu de ſa vie, & qui vient par le Coche vous enleuer à noſtre barbe ? Faut-il que trois ou quatre mille eſcus de plus, ſur la parole de voſtre Oncle, luy faſſent rejetter vn Amant qui vous agrée ? & vne Perſonne comme vous, eſt-elle faite pour vn Limoſin ? S'il a enuie de ſe marier, que ne prend-il vne Limoſine, & ne laiſſe-t-il en repos les Chreſtiens ? Le ſeul nom de

Monſieur de Pourceaugnac m'a mis dans vne colere effroyable. I'enrage de Monſieur de Pourceaugnac. Quand il n'y auroit que ce nom-là Monſieur de Pourceaugnac, i'y bruleray mes Liures, ou ie rompray ce Mariage, & vous ne ſerez point Madame de Pourceaugnac. Pourceaugnac! cela ſe peut-il ſouffrir? Non, Pourceaugnac eſt vne choſe que ie ne ſçaurois ſuporter, & nous luy joüerons tant de pieces, nous luy ferons tant de niches ſur niches, que nous renuoyerons à Limoges Monſieur de Pourceaugnac.

ERASTE.

Voicy noſtre ſubtil Napolitain, qui nous dira des nouuelles.

SCENE II.

SBRIGANI, IVLIE, ERASTE, NERINE.

SBRIGANI.

MOnſieur, voſtre Homme arriue, ie l'ay veu à trois lieuës d'icy, où a couché le Coche; & dans la Cuiſine où il eſt deſcendu pour déjeuner, ie l'ay étudié vne bonne groſſe demie heure, & ie le ſçay déja par cœur. Pour ſa figure, ie ne veux point vous en parler, vous verrez de quel air la Nature l'a deſſeinée, & ſi l'ajuſtement qui l'accompagne y répond comme il faut: mais pour ſon Eſprit, ie vous auertis par auance qu'il eſt des plus épais qui se fassent; que nous trouuons en luy vne matiere tout-à-fait disposée pour ce que nous voulons, & qu'il est Homme enfin à donner dans tous les paneaux qu'on luy presentera.

ERASTE.

Nous dis-tu vray?

SBRIGANI

Oüy, si ie me connois en Gens.

NERINE.

Madame, voila vn Illustre, vostre affaire ne pouuoit estre mise en de meilleures mains, & c'est le Heros de nostre Siecle pour les exploits dont il s'agit: Vn Homme qui vingt fois en sa vie pour seruir ses Amis, a genereusement affronté les Galeres; qui au péril de ses bras & de ses épaules, sçait mettre noblement à fin les auantures les plus difficiles; & qui, tel que vous le voyez, est exilé de son

Païs pour ie ne ſçay combien d'actions honorables qu'il a genereuſement entrepriſes.

SBRIGANI.

Ie ſuis confus des loüanges dont vous m'honorez, & ie pourois vous en donner auec plus de juſtice ſur les merueilles de voſtre vie; & principalement ſur la gloire que vous acquiſtes, lors qu'auec tant d'honneſteté vous pipâtes au jeu, pour douze mille eſcus, ce jeune Seigneur étranger que l'on mena chez vous; lors que vous fites galamment ce faux Contract qui ruina toute vne Famille; lors qu'auec tant de grandeur d'ame vous ſçeûtes nier le dépoſt qu'on vous auoit confié; & que ſi genereuſement on vous vit preſter voſtre témoignage à faire pendre ces deux Perſonnes qui ne l'auoient pas merité.

NERINE.

Ce ſont petites bagatelles qui ne valent pas qu'on en parle, & vos éloges me font rougir.

SBRIGANI.

Ie veux bien épargner voſtre modeſtie; laiſſons cela; & pour commencer noſtre affaire, allons viſte joindre noſtre Prouincial, tandis que de voſtre côté vous nous tiendrez preſts au beſoin les autres Acteurs de la Comedie.

ERASTE.

Au moins, Madame, ſouuenez-vous de voſtre Rolle; & pour mieux couurir noſtre jeu, feignez, comme on vous a dit, d'eſtre la plus contente du monde des reſolutions de voſtre Pere.

IVLIE.

S'il ne tient qu'à cela, les choſes iront à merueille.

ERASTE.

Mais, belle Iulie, ſi toutes nos Machines venoient à ne pas reüſſir ?

IVLIE.

Ie declareray à mon Pere mes veritables ſentimens.

ERASTE.

Et ſi contre vos ſentimens il s'obſtinoit à ſon deſſein ?

IVLIE.

Ie le menacerois de me jetter dans vn Conuent.

ERASTE.

Mais ſi malgré tout cela il vouloit vous forcer à ce Mariage ?

IVLIE.

Que voulez-vous que ie vous diſe ?

ERASTE.

Ce que ie veux que vous me diſiez ?

IVLIE.

Oüy.

ERASTE.

Ce qu'on dit quand on aime bien.

IVLIE.

Mais quoy ?

ERASTE.

Que rien ne pourra vous contraindre, & que malgré tous les efforts d'vn Pere, vous me promettrez d'estre à moy.

IVLIE.

Mon Dieu, Eraste, contentez-vous de ce que ie fais maintenant, & n'allez point tenter sur l'auenir les resolutions de mon cœur : ne fatiguez point mon deuoir par les propositions d'vne fâcheuse extremité dont peut-estre n'aurons-nous pas besoin ; & s'il y faut venir, souffrez au moins que i'y sois entraînée par la suite des choses.

ERASTE.

Eh bien....

SBRIGANI.

Ma foy, voicy nostre Homme, songeons à nous.

NERINE.

Ah comme il est basty!

SCENE III.

M. DE POVRCEAVGNAC *se tourne du costé d'où il vient, comme parlant à des Gens qui le suiuent,* SBRIGANI.

M. POVRCEAVGNAC.

HE' bien, quoy? qu'est-ce? qu'y a-t-il? Au diantre soit la sotte Ville, & les sottes Gens qui y sont: ne pouuoir faire vn pas sans trouuer des Nigauds qui vous regardent, & se mettent à rire!

Eh, Meſſieurs les Badauts, faites vos affaires, & laiſſez paſſer les Perſonnes ſans leur rire au nez. Ie me donne au Diable, ſi ie ne baille vn coup de poing au premier que ie verray rire.

SBRIGANI.

Qu'eſt-ce que c'eſt, Meſſieurs? que veut dire cela? à qui en auez-vous? faut-il ſe moquer ainſi des honneſtes Etrangers qui arriuent icy?

M. POVRCEAVGNAC.

Voila vn Homme raiſonnable celuy-là.

SBRIGANI.

Quel procedé eſt le voſtre? & qu'auez-vous à rire?

M. POVRCEAVGNAC.

Fort bien.

SBRIGANI.

Monſieur a-t-il quelque choſe de ridicule en ſoy?

M. POVRCEAVGNAC.

Oüy.

SBRIGANI.

Est-il autrement que les autres?

M. POVRCEAVGNAC.

Suis-je tortu, ou bossu?

SBRIGANI.

Apprenez à connoistre les Gens.

M. POVRCEAVGNAC.

C'est bien dit.

SBRIGANI.

Monsieur est d'vne mine à respecter.

M. POVRCEAVGNAC.

Cela est vray.

SBRIGANI.

Personne de condition.

M. POVRCEAVGNAC.

Oüy, Gentilhomme Limosin.

SBRIGANI.

Homme d'esprit.

M. POVRCEAVGNAC.

Qui a étudié en Droict.

SBRIGANI.

Il vous fait trop d'honneur, de venir dans vostre Ville.

M. POVRCEAVGNAC.

Sans doute.

SBRIGANI.

Monsieur n'est point vne Personne à faire rire.

M. POVRCEAVGNAC.

Assurément.

SBRIGANI.

Et quiconque rira de luy, aura affaire à moy.

M. POVRCEAVGNAC.

Monsieur, ie vous suis infiniment obligé.

SBRIGANI.

Ie suis fâché, Monsieur, de voir receuoir de la sorte vne Personne comme vous, & ie vous demande pardon pour la Ville.

M. POVRCEAVGNAC.

Ie suis vostre seruiteur.

SBRIGANI.

Ie vous ay veu ce matin, Monſieur, auec le Coche, lors que vous auez déjeuné; & la grace auec laquelle vous mangiez vostre pain, m'a fait naiſtre d'abord de l'amitié pour vous: Et comme ie ſçay que vous n'eſtes iamais venu en ce Païs, & que vous y eſtes tout neuf, ie ſuis bien aiſe de vous auoir trouué pour vous offrir mon ſeruice à cette arriuée, & vous aider à vous conduire parmy ce Peuple, qui n'a pas par fois pour les honneſtes Gens toute la conſideration qu'il faudroit.

M. POVRCEAVGNAC.

C'eſt trop de grace que vous me faites.

SBRIGANI.

Ie vous l'ay déja dit; du moment que ie vous ay veu, ie me ſuis ſenty pour vous de l'inclination.

M. POVRCEAVGNAC.

Ie vous ſuis obligé.

SBRIGANI.

Voſtre phiſionomie m'a plû.

M. POVRCEAVGNAC.

Ce m'eſt beaucoup d'honneur.

SBRIGANI.

I'y ay veu quelque choſe d'honneſte.

M. POVRCEAVGNAC.

Ie ſuis voſtre ſeruiteur.

SBRIGANI.

Quelque choſe d'aimable.

M. POVRCEAVGNAC.

Ah, ah.

SBRIGANI.

De gracieux.

M. POVRCEAVGNAC.

Ah, ah.

SBRIGANI.

De doux.

M. POVRCEAVGNAC.

Ah, ah.

SBRIGANI.

De majestueux.

M. POVRCEAVGNAC.

Ah, ah.

SBRIGANI.

De franc.

M. POVRCEAVGNAC.

Ah, ah.

SBRIGANI.

Et de cordial.

M. POVRCEAVGNAC.

Ah, ah.

SBRIGANI.

Ie vous asſure que ie ſuis tout à vous.

M. POVRCEAVGNAC.

Ie vous ay beaucoup d'obligation..

SBRIGANI.

C'eſt du fonds du cœur que ie parle.

M. POVRCEAVGNAC.

Ie le croy.

SBRIGANI.

Si i'auois l'honneur d'estre connu de vous, vous sçauriez que ie suis vn Homme tout-à-fait sincere.

M. POVRCEAVGNAC.

Ie n'en doute point.

SBRIGANI.

Ennemy de la fourberie.

M. POVRCEAVGNAC.

I'en suis persuadé.

SBRIGANI.

Et qui n'est pas capable de déguiser ses sentimens.

M. POVRCEAVGNAC.

C'est ma pensée.

SBRIGANI.

Vous regardez mon habit qui n'est pas fait comme les autres; mais je suis originaire de Naples, à vostre seruice, & i'ay voulu conseruer vn peu & la maniere de s'habiller, & la sincerité de mon Païs.

M. POVRCEAVGNAC.

C'eſt fort bien fait : Pour moy i'ay voulu me mettre à la mode de la Cour pour la Campagne.

SBRIGANI.

Ma foy, cela vous va mieux qu'à tous nos Courtiſans.

M. POVRCEAVGNAC.

C'eſt ce que m'a dit mon Tailleur ; l'habit eſt propre & riche, & il fera du bruit icy.

SBRIGANI.

Sans doute. N'irez-vous pas au Louure ?

M. POVRCEAVGNAC.

Il faudra bien aller faire ma Cour.

SBRIGANI.

Le Roy ſera rauy de vous voir.

M. POVRCEAVGNAC.

Ie le croy.

SBRIGANI.

Auez-vous arreſté vn Logis

M. POVRCEAVGNAC.

Non, i allois en chercher vn.

SBRIGANI.

Ie ſeray bien aiſe d'eſtre auec vous pour cela, & ie connois tout ce Païs-cy.

SCENE IV.

ERASTE, SBRIGANI, M. DE POVRCEAVGNAC.

ERASTE.

AH qu'eſt-ce-cy ! que voy-je ! quelle heureuſe rencontre ! Monſieur de Pourceaugnac ! que ie ſuis rauy de vous voir ! Comment ? Il ſemble que vous ayez peine à me reconnoiſtre ?

M. POVRCEAVGNAC.

Monſieur, ie ſuis voſtre ſeruiteur.

ERASTE.

Eſt-il poſſible que cinq ou ſix années m'ayent oſté de voſtre memoire ? & que vous ne reconnoiſſiez pas le meilleur Amy de toute la Famille des Pourceaugnacs ?

M. POVRCEAVGNAC.

Pardonnez-moy. *à Sbrig.* Ma foy, ie ne ſçay qui il eſt.

ERASTE.

Il n'y a pas vn Pourceaugnac à Limoges que ie ne connoiſſe depuis le plus grand juſques au plus petit ; ie ne frequentois qu'eux dans le temps que i'y eſtois, & i'auois l'honneur de vous voir preſque tous les jours.

M. POVRCEAVGNAC.

C'eſt moy qui l'ay receu, Monſieur.

ERASTE.

Vous ne vous remettez point mon viſage ?

M. POVRCEAVGNAC.

Si-fait. *à Sbrig.* Ie ne le connois point.

ERASTE.

Vous ne vous reſſouuenez pas que i'ay eu le bonheur de boire auec vous ie ne ſçay combien de fois?

M. POVRCEAVGNAC.

Excuſez-moy. *à Sbrig.* Ie ne ſçay ce que c'eſt.

ERASTE.

Comment appellez-vous ce Traitteur de Limoges qui fait ſi bonne chere?

M. POVRCEAVGNAC.

Petit-Iean?

ERASTE.

Le voila. Nous allions le plus ſouuent enſemble chez luy nous réjoüir. Comment eſt-ce que vous nommez à Limoges ce Lieu où l'on ſe promene?

M. POVRCEAVGNAC.

Le Cimetiere des Arenes ?

ERASTE.

Iustement ; c'est où ie passois de si douces heures à joüir de vostre agreable Conuersation. Vous ne vous remettez pas tout cela ?

M. POVRCEAVGNAC.

Excusez-moy, ie me le remets. *à Sbrig.* Diable emporte, si ie m'en souuiens.

SBRIGANI.

Il y a cent choses comme cela qui passent de la teste.

ERASTE.

Embrassez-moy donc, ie vous prie, & resserrons les nœuds de nostre ancienne amitié.

SBRIGANI.

Voila vn Homme qui vous aime fort.

ERASTE.

Dites-moy vn peu des nouuelles

de

de toute la Parenté : Comment se porte Monsieur vostre... la.. qui est si honneste Homme ?

M. POURCEAUGNAC.

Mon Frere le Consul ?

ERASTE.

Oüy.

M. POURCEAUGNAC.

Il se porte le mieux du monde.

ERASTE.

Certes i'en suis rauy. Et celuy qui est de si bonne humeur ? la.. Monsieur vostre....

M. POURCEAUGNAC.

Mon Cousin l'Assesseur ?

ERASTE.

Iustement.

M. POURCEAUGNAC.

Toûjours gay & gaillard.

ERASTE.

Ma foy, i'en ay beaucoup de joye. Et Monsieur vostre Oncle ? Le....

M. POVRCEAVGNAC.

Ie n'ay point d'Oncle.

ERASTE.

Vous auiez pourtant en ce temps là....

M. POVRCEAVGNAC.

Non, rien qu'vne Tante.

ERASTE.

C'est ce que ie voulois dire, Madame vostre Tante ; comment se porte-t-elle ?

M. POVRCEAVGNAC.

Elle est morte depuis six mois.

ERASTE.

Helas la pauure Femme ! elle estoit si bonne personne.

M. POVRCEAVGNAC.

Nous auons aussi mon Neveu le Chanoine, qui a pensé mourir de la petite verole.

ERASTE.

Quel dommage ç'auroit esté !

M. POVRCEAVGNAC.

Le connoissez-vous aussy?

ERASTE.

Vraymant si ie le connois! vn grand Garçon bien fait.

M. POVRCEAVGNAC.

Pas des plus grands.

ERASTE.

Non, mais de taille bien prise.

M. POVRCEAVGNAC.

Eh oüy.

ERASTE.

Qui est vostre Neveu....

M. POVRCEAVGNAC.

Oüy.

ERASTE.

Fils de vostre Frere & de vostre Soeur....

M. POVRCEAVGNAC.

Iustement.

ERASTE.

Chanoine de l'Eglise de.... comment l'appellez-vous?

M. POVRCEAVGNAC.

De Saint Estienne.

ERASTE.

Le voila, ie ne connois autre.

M. POVRCEAVGNAC.

Il dit toute la Parenté.

SBRIGANI.

Il vous connoist plus que vous ne croyez.

M. POVRCEAVGNAC.

A ce que ie vois, vous auez demeuré long-temps dans nostre Ville?

ERASTE.

Deux ans entiers.

M. POVRCEAVGNAC.

Vous estiez donc là quand mon Cousin l'Eleu, fit tenir son Enfant à Monsieur nostre Gouuerneur?

ERASTE.

Vrayment oüy, i'y fus conuié des premiers.

M. POVRCEAVGNAC.

Cela fut galant.

ERASTE.

Tres-galant.

M. POVRCEAVGNAC.

C'estoit vn Repas bien troussé.

ERASTE.

Sans doute.

M. POVRCEAVGNAC.

Vous vistes donc aussi la querelle que i'eus auec ce Gentilhomme Perigordin?

ERASTE.

Oüy.

M. POVRCEAVGNAC.

Parbleu il trouua à qui parler.

ERASTE.

Ah, ah.

M. POVRCEAVGNAC.

Il me donna vn soufflet, mais ie luy dis bien son fait.

ERASTE.

Assurément. Au reste, ie ne pretens pas que vous preniez d'autre Logis que le mien.

M. POVRCEAVGNAC.

Ie n'ay garde de...

ERASTE.

Vous moquez-vous? Ie ne souffriray point du tout que mon meilleur Amy soit autre-part que dans ma Maison.

M. POVRCEAVGNAC.

Ce seroit vous...

ERASTE.

Non, le Diable m'emporte, vous logerez chez moy.

SBRIGANI.

Puis qu'il le veut obstinément, ie vous conseille d'accepter l'offre.

ERASTE.

Où sont vos hardes?

M. POVRCEAVGNAC.

Ie les ay laissées auec mon Valet où ie suis descendu.

ERASTE.

Enuoyons les querir par quelqu'vn.

M. POVRCEAVCNAC.

Non, ie luy ay defendu de bouger, à moins que i'y fusse moy-mesme, de peur de quelque fourberie.

SBRIGANI.

C'est prudemment auisé.

M. POVRCEAVGNAC.

Ce Païs-cy est vn peu sujet à caution.

ERASTE.

On voit les Gens d'esprit en tout.

SBRIGANI.

Ie vais accompagner Monsieur, & le rameneray où vous voudrez.

ERASTE.

Oüy, ie seray bien aise de donner quelques ordres, & vous n'auez qu'à reuenir à cette Maison-là.

SBRIGANI.

Nous sommes à vous tout à l'heure.

ERASTE.

Ie vous attens auec impatience.

M. POVRCEAVGNAC.

Voila vne connoissance où ie ne m'attendois point.

SBRIGANI.

Il a la mine d'estre honneste Homme.

ERASTE *seul*.

Ma foy, Monsieur de Pourceaugnac, nous vous en donnerons de toutes les façons ; les choses sont preparées, & ie n'ay qu'à fraper.

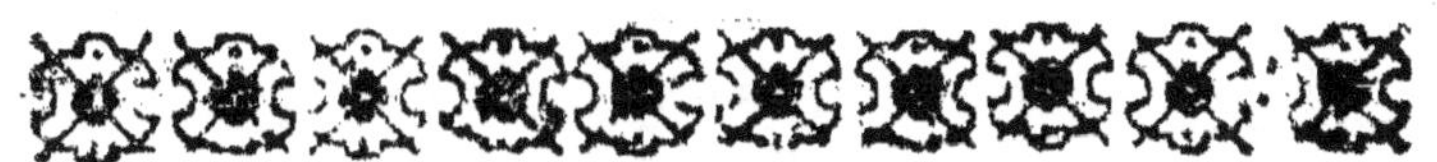

SCENE V.

L'APOTIQVAIRE, ERASTE.

ERASTE.

IE croy, Monsieur, que vous estes le Medecin à qui l'on est venu parler de ma part.

L'APOTIQVAIRE.

Non, Monsieur, ce n'est pas moy qui suis le Medecin; à moy n'appartient pas cet honneur, & ie ne suis qu'Apotiquaire, Apotiquaire indigne, pour vous seruir.

ERASTE.

Et Monsieur le Medecin est-il à la Maison?

L'APOTIQVAIRE.

Oüy, il est là embarassé à expedier quelques Malades, & ie vais luy dire que vous estes icy.

ERASTE.

Non, ne bougez, i'attendray qu'il ait fait ; c'eſt pour luy mettre entre les mains certain Parent que nous auons, dont on luy a parlé, & qui ſe trouue attaqué de quelque folie, que nous ſerions bien aiſes qu'il pût guerir auant que de le marier.

L'APOTIQVAIRE.

Ie ſçay ce que c'eſt, ie ſçay ce que c'eſt, & i'eſtois auec luy quand on luy a parlé de cette affaire. Ma foy, ma foy, vous ne pouuiez pas vous adreſſer à vn Medecin plus habile ; c'eſt vn Homme qui ſçait la Medecine à fond, comme ie ſçay ma Croix-de-Pardieu ; & qui, quand on deuroit creuer, ne démordroit pas d'vn *iota* des regles des Anciens. Oüy, il ſuit toûjours le grand chemin, le grand chemin, & ne va point chercher midy à quatorze heures; & pour tout l'or du monde, il ne voudroit pas auoir guery vne Personne auec d'autres remedes que ceux que la Faculté permet.

ERASTE.

Il fait fort bien; vn Malade ne doit point vouloir guerir, que la Faculté n'y consente.

L'APOTIQVAIRE.

Ce n'est pas parce que nous sommes grands Amis, que i'en parle; mais il y a plaisir, il y a plaisir d'estre son Malade; & i'aimerois mieux mourir de ses remedes, que de guerir de ceux d'vn autre; car quoy qui puisse arriuer, on est asseuré que les choses sont toûjours dans l'ordre; & quand on meurt sous sa conduite, vos Heritiers n'ont rien à vous reprocher.

ERASTE.

C'eſt vne grande conſolation pour vn Defunt.

L'APOTIQUAIRE.

Aſſurément ; on eſt bien aiſe au moins d'eſtre mort méthodiquement. Au reſte, il n'eſt pas de ces Medecins qui marchandent les maladies ; c'eſt vn Homme expeditif, expeditif, qui aime à dépeſcher ſes Malades ; & quand on a à mourir, cela ſe fait auec luy le plus viſte du monde.

ERASTE.

En effet, il n'eſt rien tel que de ſortir promptement d'affaire.

L'APOTIQUAIRE.

Cela eſt vray, à quoy bon tant barguigner & tant tourner autour du pot ? il faut ſçauoir viſtement le cours ou le long d'vne maladie.

ERASTE.

Vous auez raison.

L'APOTIQVAIRE.

Voila déja trois de mes Enfans dont il m'a fait l'honneur de conduire la maladie, qui sont morts en moins de quatre jours, & qui, entre les mains d'vn autre, auroient languy plus de trois mois.

ERASTE.

Il est bon d'auoir des Amis comme cela.

L'APOTIQVAIRE.

Sans doute. Il ne me reste plus que deux Enfans dont il prend soin comme des siens; il les traite & gouuerne à sa fantaisie, sans que ie me mesle de rien; & le plus souuent, quand ie reuiens de la Ville, ie suis tout étonné que ie les trouue saignez ou purgez par son ordre.

ERASTE.

Voila des soins fort obligeans.

L'APOTIQVAIRE.

Le voicy, le voicy, le voicy qui vient.

SCENE VI.

PREMIER MEDECIN, VN PAYSAN, VNE PAYSANE, ERASTE, L'APOTIQVAIRE.

LE PAYSAN.

MOnſieur, il n'en peut plus, & il dit qu'il ſent dans la teſte les plus grandes douleurs du monde.

1. MEDECIN.

Le Malade eſt vn ſot, d'autant plus que dans la maladie dont il eſt attaqué, ce n'eſt pas la teſte, ſelon Galien, mais la rate, qui luy doit faire mal.

LE PAYSAN.

Quoy que ç'en ſoit, Monſieur, il a toûjours auec cela ſon cours de ventre depuis ſix mois.

I. MEDECIN.

Bon, c'eſt ſigne que le dedans ſe dégage. Ie l'iray viſiter dans deux ou trois jours; mais s'il mouroit auant ce temps-là, ne manquez pas de m'en donner auis, car il n'eſt pas de la ciuilité, qu'vn Medecin viſite vn Mort.

LA PAYSANE.

Mon Pere, Monſieur, eſt toûjours malade de plus en plus.

I. MEDECIN.

Ce n'eſt pas ma faute; ie luy donne des remedes, que ne gueriſt-il? Combien a-t-il eſté ſaigné de fois?

LA PAYSANE.

Quinze, Monſieur, depuis vingt jours.

1. MEDECIN.

Quinze fois saigné?

LA PAYSANE.

Oüy.

1. MEDECIN.

Et il ne guerit point?

LA PAYSANE.

Non, Monsieur.

1. MEDECIN.

C'est signe que la maladie n'est pas dans le sang. Nous le ferons purger autant de fois, pour voir si elle n'est pas dans les humeurs; & si rien ne nous reüssit, nous l'enuoyerons aux Bains.

L'APOTIQVAIRE.

Voila le fin cela, voila le fin de la Medecine.

ERASTE.

C'est moy, Monsieur, qui vous ay enuoyé parler ces jours passez pour vn Parent vn peu troublé d'esprit, que ie veux vous donner chez vous, afin de le guerir auec plus de commodité, & qu'il soit veu de moins de monde.

I. MEDECIN.

Oüy, Monsieur, i'ay déja disposé tout, & promets d'en auoir tous les soins imaginables.

ERASTE.

Le voicy.

I. MEDECIN.

La conjoncture est tout-à-fait heureuse, & i'ay icy vn Ancien de mes Amis auec lequel ie seray bien aise de consulter sa maladie.

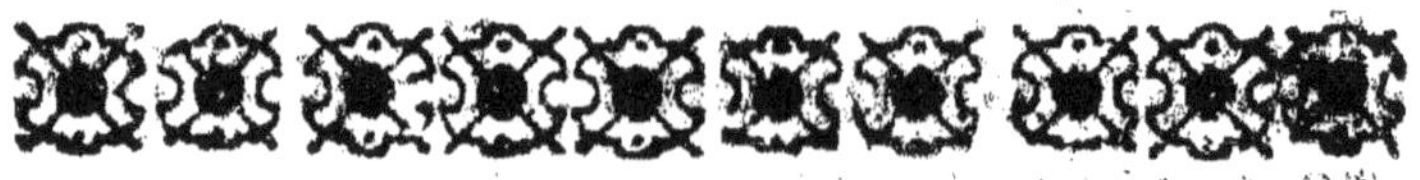

SCENE VII.

M. DE POVRCEAVGNAC, ERASTE, 1. MEDECIN, L'APOTIQVAIRE.

ERASTE.

VNe petite affaire m'eſt ſuruenuë, qui m'oblige à vous quitter ; mais voila vne Perſonne entre les mains de qui ie vous laiſſe, qui aura ſoin pour moy de vous traiter du mieux qu'il luy ſera poſſible.

1. MEDECIN.

Le deuoir de ma Profeſſion m'y oblige, & c'eſt aſſez que vous me chargiez de ce ſoin.

M. POVRCEAVGNAC.

C'eſt ſon Maiſtre-d'Hoſtel, & il faut que ce ſoit vn Homme de qualité.

1. MEDECIN.

Oüy, ie vous asseure que ie traitteray Monsieur méthodiquement, & dans toutes les regularitez de nostre Art.

M. POVRCEAVGNAC.

Mon Dieu, il ne me faut point tant de ceremonies, & ie ne viens pas icy pour incommoder.

1. MEDECIN.

Vn tel Employ nê me donne que de la joye.

ERASTE.

Voila toûjours six Pistoles d'auance, en attendant ce que i'ay promis.

M. POVRCEAVGNAC.

Non, s'il vous plaist, ie n'entens pas que vous fassiez de dépense, & que vous enuoyez rien acheter pour moy.

ERASTE.

Mon Dieu, laissez faire, ce n'est

pas pour ce que vous pensez.

M. POVRCEAVGNAC.

Ie vous demande de ne me traitter qu'en Amy.

ERASTE.

C'est ce que ie veux faire.

bas au Medecin.

Ie vous recommande sur tout de ne le point laisser sortir de vos mains, car par fois il veut s'échaper.

1. MEDECIN.

Ne vous mettez pas en peine.

ERASTE *à M. P.*

Ie vous prie de m'excuser, de l'inciuilité que ie commets.

M. POVRCEAVGNAC.

Vous vous moquez, & c'est trop de grace que vous me faites.

SCENE VIII.

PREMIER MEDECIN, 2. MEDECIN, M. POVRCEAVGNAC, L'APOTIQVAIRE.

1. MEDECIN.

CE m'est beaucoup d'honneur, Monsieur, d'estre choisi pour vous rendre seruice.

M. POVRCEAVGNAC.

Ie suis vostre seruiteur.

1. MEDECIN.

Voicy vn habile Homme, mon Confrere, auec lequel ie vais consulter la maniere dont nous vous traitterons.

M. POVRCEAVGNAC.

Il ne faut point tant de façons, vous dis-je, & ie suis Homme à me contenter de l'ordinaire.

1. MEDECIN.

Allons, des sieges.

M. POVRCEAVGNAC.

Voila, pour vn jeune Homme, des Domestiques bien lugubres!

1. MEDECIN.

Allons, Monsieur, prenez vostre place, Monsieur.

Lors qu'ils sont assis, les deux Medecins luy prennent chacun vne main, pour luy taster le poulx.

M. POVRCEAVGNAC *presentant ses mains.*

Vostre tres-humble valet. *Voyant qu'ils luy tastent le poulx.* Que veut dire cela?

1. MEDECIN.

Mangez-vous bien, Monsieur?

M. POVRCEAVGNAC.

Oüy, & boy encore mieux.

1. MEDECIN.

Tant-pis; cette grande appetition du froid & de l'humide, est vne indication de la chaleur & secheresse qui est au dedans. Dormez-vous fort ?

M. POVRCEAVGNAC.

Oüy, quand i'ay bien soupé.

1. MEDECIN.

Faites-vous des songes?

M. POVRCEAVGNAC.

Quelquefois.

1. MEDECIN.

De quelle nature sont-ils ?

M. POVRCEAVGNAC.

De la nature des songes. Quelle diable de conuersation est-ce là ?

1. MEDECIN.

Vos déjections, comment sont-elles ?

M. POVRCEAVGNAC.

Ma foy, ie ne comprens rien à toutes ces questions, & ie veux plutost boire vn coup.

1. MEDECIN.

Vn peu de patience, nous allons

raiſonner ſur voſtre affaire deuant vous, & nous le ferons en François, pour eſtre plus intelligibles.

M. POVRCEAVGNAC.

Quel grand raiſonnement faut-il pour manger vn morceau?

I. MEDECIN.

Comme ainſi ſoit qu'on ne puiſſe guerir vne maladie, qu'on ne la connoiſſe parfaitement, & qu'on ne la puiſſe parfaitement connoiſtre, ſans en bien établir l'idée particuliere & la veritable eſpece, par ſes ſignes diagnoſtiques & prognoſtiques; vous me permettrez, Monſieur noſtre Ancien, d'entrer en conſideration de la maladie dont il s'agit, auant que de toucher à la therapeutique & aux remedes qu'il nous conuiendra faire pour la parfaite curation d'icelle. Ie dis donc, Monſieur, auec voſtre permiſſion, que noſtre Malade icy present, est malheureusement attaqué, affecté, possedé, trauaillé de cette sorte de folie que nous nommons fort bien, mélancolie hypocondriaque, espece de folie tres-fâcheuse, & qui ne demande pas moins qu'vn Esculape comme vous, consommé dans nostre Art; vous, dis-je, qui auez blanchy, comme on dit, sous le harnois, & auquel il en a tant passé par les mains de toutes les façons. Ie l'appelle mélancolie hypocondriaque, pour la distinguer des deux autres; car le celebre Galien établit doctement à son ordinaire trois especes de cette maladie que nous nommons mélancolie, ainsi appellée non seulement par les Latins, mais encor par les Grecs; ce qui est bien à remarquer ponr nostre affaire: La premiere, qui vient du propre vice du cerveau; la seconde, qui vient de tout le ſang, fait & rendu atrabilaire; la troiſiéme, appellée hipocondriaque, qui eſt la noſtre, laquelle procede du vice de quelque partie du bas ventre, & de la region inferieure, mais particulierement de la ratte, dont la chaleur & l'inflamation porte au cerveau de noſtre Malade beaucoup de fuligines épaiſſes & craſſes, dont la vapeur noire & maligne, cauſe dépravation aux fonctions de la faculté princeſſe, & fait la maladie dont par noſtre raiſonnement il eſt manifeſtement atteint & convaincu. Qu'ainſi ne ſoit, pour diagnoſtique inconteſtable de ce que ie dis, vous n'auez qu'à conſiderer ce grand ſerieux que vous voyez; cette triſteſſe accompagnée de crainte & de défiance, ſignes pathognomoniques & indiuiduels de cette maladie, ſi bien marquée chez le Diuin vieillard Hipocrate; cette phiſionomie, ces yeux rouges & hagards, cette grande barbe, cette habitude du corps, menuë, greſle, noire & veluë, leſquels ſignes le dénotent tres-affecté de cette maladie, procedante du vice des hipocondres; laquelle maladie par laps de temps naturaliſée, enuieillie, habituée, & ayant pris droit de bourgeoiſie chez luy, pourroit bien dégenerer, ou en manie, ou en phtiſie, ou en apoplexie, ou meſme en fine phreneſie & fureur. Tout cecy ſupoſé, puis qu'vne maladie bien connuë eſt à demy guerie, car *ignoti nulla eſt curatio morbi*, il ne vous ſera pas difficile de conuenir des remedes que nous deuons faire à Monſieur. Premierement, pour remedier à cette pletore obturante, & à cette cacochimie luxuriante par tout le corps, ie suis d'a-uis qu'il soit phlebotomisé liberalement ; c'est à dire que les saignées soient frequentes & planturéuses : En premier lieu de la basilique, puis de la cephalique ; & mesme si le mal est opiniastre, de luy ouurir la veine du front, & que l'ouuerture soit large, afin que le gros sang puisse sortir ; & en mesme temps, de le purger, desopiler, & éuacüer par purgatifs propres & conuenables ; c'est à dire par cholagogues, melanogogues, *& cætera* ; & comme la veritable source de tout le mal, est ou vne humeur crasse & feculente, ou vne vapeur noire & grossiere qui obscurcit, infecte & salit les esprits animaux, il est à propos en suite qu'il prenne vn bain d'eau pure & nette, auec force petit lait clair, pour purifier par l'eau la feculence de l'humeur craſſe, & éclaircir par le lait clair la noirceur de cette vapeur ; mais auant toute choſe, ie trouue qu'il eſt bon de le réjoüir par agreables Conuerſations, Chants & Inſtrumens de Muſique, à quoy il n'y a pas d'inconuenient de joindre des Danſeurs, afin que leurs mouuemens, diſpoſition & agilité puiſſent exciter & réueiller la pareſſe de ſes eſprits engourdis, qui occaſionne l'épaiſſeur de ſon ſang, d'où procede la maladie. Voila les remedes que i'imagine, auquel pourront eſtre adjoutez beaucoup d'autres meilleurs par Monſieur noſtre Maiſtre & Ancien, ſuiuant l'experience, jugement, lumiere & ſuffiſance qu'il s'eſt acquiſe dans noſtre Art. *Dixi.*

2. MEDECIN.

A Dieu ne plaiſe, Monſieur, qu'il me tombe en penſée d'ajouter rien à ce que vous venez de dire : vous auez si bien discouru sur tous les signes, les simptosmes & les causes de la maladie de Monsieur ; le raisonnement que vous en auez fait est si docte & si beau, qu'il est impossible qu'il ne soit pas fou, & mélancolique hypocondriaque ; & quand il ne le seroit pas, il faudroit qu'il le deuint, pour la beauté des choses que vous auez dites, & la justesse du raisonnement que vous auez fait. Oüy, Monsieur, vous auez dépeint fort graphiquement, *graphice depinxisti*, tout ce qui appartient à cette maladie ; il ne se peut rien de plus doctement, sagement, ingenieusement conceu, pensé, imaginé, que ce que vous auez prononcé au sujet de ce mal, soit pour la diagnose, ou la prognose, ou la therapie ; & il ne me reste rien icy, que de feliciter Monsieur, d'estre tombé entre vos mains, & de luy dire qu'il est trop heureux d'estre fou, pour éprouuer l'efficace & la douceur des remedes que vous auez si judicieusement proposez : Ie les approuue tous, *manibus & pedibus descendo in tuam sententiam.* Tout ce que i'y voudrois, c'est de faire les saignées & les purgations en nombre impair, *Numero Deus impari gaudet* : de prendre le lait clair auant le bain ; de luy composer vn fronteau où il entre du sel ; le sel est simbole de la sagesse : de faire blanchir les murailles de sa chambre, pour dissiper les tenebres de ses esprits, *Album est disgregatiuum visus*, & de luy donner tout à l'heure vn petit Lauement, pour seruir de prélude & d'introduction à ces judicieux remedes, dont s'il a à guerir, il doit receuoir du soulagement. Faſſe le Ciel, que ces remedes, Monſieur, qui ſont les voſtres, réüſſiſſent au Malade ſelon noſtre intention.

M. POVRCEAVGNAC.

Meſſieurs, il y a vne heure que ie vous écoute. Eſt-ce que nous joüons icy vne Comedie?

1. MEDECIN.

Non, Monſieur, nous ne joüons point.

M. POVRCEAVGNAC

Qu'eſt-ce que tout cecy? & que voulez-vous dire auec voſtre galimathias & vos ſottiſes?

1. MEDECIN.

Bon, dire des injures. Voila vn diagnoſtique qui nous manquoit pour la confirmation de ſon mal, & cecy pourroit bien tourner en manie.

M. POVRCEAVGNAC.

Auec qui m'a-t-on mis icy?

Il crache deux ou trois fois.

1. MEDECIN.

Autre diagnostique : La sputation frequente.

M. POVRCEAVGNAC.

Laissons cela, & sortons d'icy.

1. MEDECIN.

Autre encor : L'inquietude de changer de place.

M. POVRCEAVGNAC.

Qu'est-ce donc que toute cette affaire? & que me voulez-vous ?

1. MEDECIN.

Vous guerir, selon l'ordre qui nous a esté donné.

M. POVRCEAVGNAC.

Me guerir.

1. MEDECIN.

Oüy.

M. POVRCEAVGNAC.

Parbleu ie ne suis pas malade.

1. MEDECIN.

Mauuais signe, lors qu'vn Malade ne sent pas son mal.

M. POVRCEAVGNAC.

Ie vous dis que ie me porte bien.

I. MEDECIN.

Nous sçauons mieux que vous comment vous vous portez, & nous sommes Medecins, qui voyons clair dans vostre constitution.

M. POVRCEAVGNAC.

Si vous estes Medecins, ie n'ay que faire de vous ; & ie me moque de la Medecine.

I. MEDECIN.

Hon, hon ; voicy vn Homme plus fou que nous ne pensons.

M. POVRCEAVGNAC.

Mon Pere & ma Mere n'ont iamais voulu de remedes, & ils sont morts tous deux sans l'assistance des Medecins.

I. MEDECIN.

Ie ne m'étonne pas s'ils ont engendré vn Fils qui est insensé. Allons, procedons à la curation, &

par la douceur exhilarante de l'harmonie, adouciſſons, lenifions & accoiſons l'aigreur de ſes eſprits, que ie voy preſts à s'enflamer.

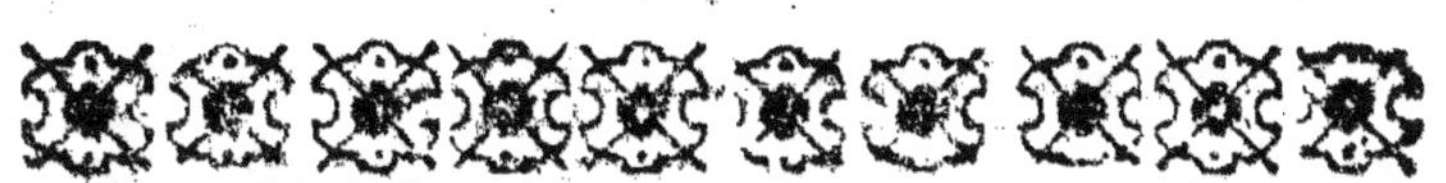

SCENE IX.

M. POVRCEAVGNAC.

QVe Diable eſt-ce là? Les Gens de ce Païs-cy ſont-ils inſenſez? Ie n'ay iamais rien veu de tel, & ie n'y comprens rien du tout.

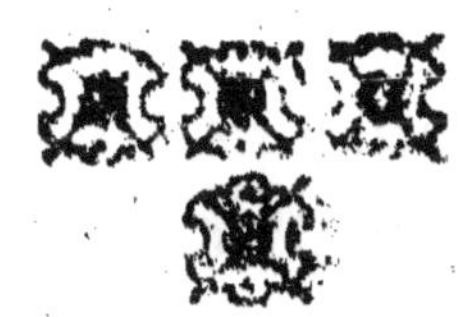

SCENE X.

DEUX MUSICIENS *Italiens, en Medecins grotesques, suivis de* HUIT MATASSINS, *chantent ces Paroles, soûtenuës de la Symphonie d'un mélange d'Instrumens.*

Les deux Musiciens.

Bon di, bon di, bon di,
Non vi lasciate uccidere
D'al dolor malinconico,
Noi vi faremo ridere
Col nostro canto harmonico,
Sol' per guarirui
Siamo venuti qui
Bon di, bon di, bon di.

1. Musicien.

Altro non é la pazzia
Che malinconia.
Il malato

Non é disperato,
Se vòl pigliar vn poco d'allegria
Altro non é la pazzia
Che malinconia.

2. Muſicien.

Sù, cantate, ballate ridete
Et ſe far meglio volete,
Quando ſentite il deliro vicino,
Pigliate del vino,
E qualche volta vn po po di tabac
Alegramente Monſu Pourceaugnac.

SCENE XI.

L'APOTIQVAIRE, M. POVRCEAVGNAC.

L'APOTIQVAIRE.

MOnſieur, voicy vn petit remede, vn petit remede, qu'il vous faut prendre, s'il vous plaiſt, s'il vous plaiſt.

M. POVRCEAVGNAC.

Comment? Ie n'ay que faire de cela.

L'APOTIQVAIRE.

Il a esté ordonné, Monsieur, il a esté ordonné.

M. POVRCEAVGNAC.

Ah, que de bruit.

L'APOTIQVAIRE.

Prenez-le, Monsieur, prenez-le: Il ne vous fera point de mal, il ne vous fera point de mal.

M. POVRCEAVCNAC.

Ah.

L'APOTIQVAIRE.

C'est vn petit Clystere, vn petit Clistere, benin, benin; il est benin, benin: là, prenez, prenez, prenez, Monsieur; c'est pour desterger, pour desterger, desterger...

Les deux Musiciens accompagnez des Matassins & des Instrumens, dancent à l'entour de M. de Pourceaugnac, & s'arrestans deuant luy, chantent,

Piglia lo sú
Signor Monsu,
Piglia-lo, piglia-lo, piglia-losú,
Che non ti fara male,
Piglia-lo su questo servitiale,
Piglia-lo sú
Signor Monsu,
Piglia-lo, piglia-lo, piglia-lo sú.

M. POVRC. *fuyant.*

Allez vous-en au Diable.

L'Apotiquaire, les deux Musiciens, & les Mataſſins le ſuiuent, tous vne Seringue à la main.

Fin du Premier Acte.

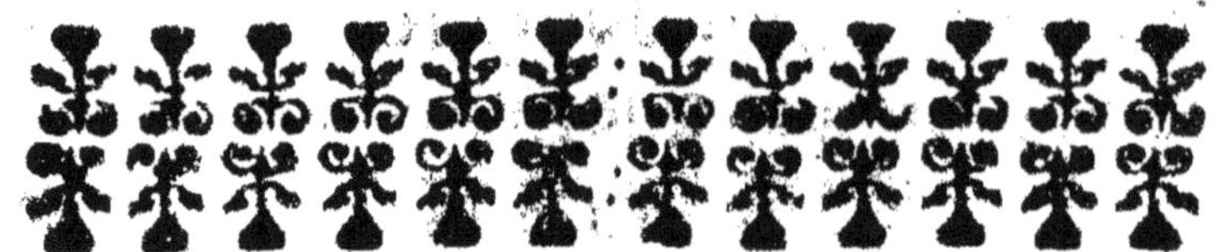

ACTE II.

SCENE PREMIERE.

SBRIGANI, 1. MEDECIN.

1. MEDECIN.

IL a forcé tous les obstacles que i'auois mis ; & s'est dérobé aux remedes que ie commençois de luy faire.

SBRIGANI.

C'est estre bien ennemy de soymesme, que de fuir des remedes aussi salutaires que les vostres.

1. MEDECIN.

Marque d'vn cerueau démonté,

& d'vne raiſon dépraueée, que de ne vouloir pas guerir.

SBRIGANI.

Vous l'auriez guery haut la main.

1. MEDECIN.

Sans doute, quand il y auroit eu complication de douze maladies.

SBRIGANI.

Cependant voila cinquante Piſtoles bien acquiſes, qu'il vous fait perdre.

1. MEDECIN.

Moy, ie n'entens point les perdre, & pretens le guerir en dépit qu'il en ait. Il eſt lié & engagé à mes remedes, & ie veux le faire ſaiſir où ie le trouueray, comme Deſerteur de la Medecine, & Infracteur de mes Ordonnances.

SBRIGANI.

Vous auez raiſon, vos remedes eſtoient vn coup ſeur, & c'eſt de l'argent qu'il vous vole.

1. MEDECIN.

Où puis-je en auoir des nouuelles ?

SBRIGANI.

Chez le bon Homme Oronte, assurément ; dont il vient épouser la Fille, & qui ne sçachant rien de l'infirmité de son Gendre futur, voudra peut-estre se haster de conclure le Mariage.

1. MEDECIN.

Ie vais luy parler tout à l'heure.

SBRIGANI.

Vous ne ferez point mal.

1. MEDECIN.

Il est hypothequé à mes Consultations ; & vn Malade ne se moquera pas d'vn Medecin.

SBRIGANI.

C'est fort bien dit à vous ; & si vous m'en croyez, vous ne souffrirez point qu'il se marie, que vous ne l'ayez pansé tout vostre soû.

1. MEDECIN.

Laissez-moy faire.

SBRIGANI.

Ie vais de mon costé dresser vne autre batterie, & le Beau-pere est aussi dupe que le Gendre.

SCENE II.

ORONTE, 1. MEDECIN.

1. MEDECIN.

VOus auez, Monsieur, vn certain Monsieur de Pourceaugnac, qui doit épouser vostre Fille.

ORONTE.

Oüy, ie l'attens de Limoges, & il deuroit estre arriué.

1. MEDECIN.

Aussi l'est-il, & il s'en est fuy de chez moy, apres y auoir esté mis, mais ie vous defens de la part de la Medecine, de proceder au mariage que vous auez conclu, que ie ne l'aye deuëment preparé pour cela, & mis en estat de procréer des Enfans bien conditionnez & de corps & d'esprit.

ORONTE.

Comment donc ?

1. MEDECIN.

Vostre pretendu Gendre a esté constitué mon Malade : Sa Maladie qu'on m'a donné à guerir, est vn meuble qui m'appartient, & que ie compte entre mes effets ; & ie vous declare que ie ne pretens point qu'il se marie, qu'au prealable il n'ait satisfait à la Medecine, & suby les remedes que ie luy ay ordonnez.

ORONTE.

Il a quelque mal ?

I. MEDECIN.

Oüy.

ORONTE.

Et quel mal, s'il vous plaist?

I. MEDECIN.

Ne vous en mettez pas en peine.

ORONTE.

Est-ce quelque mal....

I. MEDECIN.

Les Medecins sont obligez au secret: Il suffit que ie vous ordonne, à vous & à vostre Fille, de ne point celebrer, sans mon consentement, vos Nopces auec luy, sur peine d'encourir la disgrace de la Faculté, & d'estre accablez de toutes les Maladies qu'il nous plaira.

ORONTE.

Ie n'ay garde, si cela est, de faire le Mariage.

I. MEDECIN.

On me l'a mis entre les mains,

& il eſt obligé d'eſtre mon Malade.

ORONTE.

A la bonne heure.

1. MEDECIN.

Il a beau fuïr, ie le feray condamner par Arreſt à ſe faire guerir par moy.

ORONTE.

I'y conſens.

1. MEDECIN.

Oüy, il faut qu'il creve, ou que ie le gueriſſe.

ORONTE.

Ie le veux bien.

1. MEDECIN.

Et ſi ie ne le trouue, ie m'en prendray à vous, & ie vous gueriray au lieu de luy.

ORONTE.

Ie me porte bien.

1. MEDECIN.

Il n'importe, il me faut vn Malade, & ie prendray qui ie pouray.

ORONTE.

Prenez qui vous voudrez, mais ce ne sera pas moy. Voyez vn peu la belle raison.

SCENE III.

SBRIGANI *en Marchand Flaman*, ORONTE.

SBRIGANI.

MOntsir, auec le vostre permissione, ie suisse vn Trancher Marchant Flamane, qui voudroit bienne vous temandair vn petit nouuel.

ORONTE.

Quoy, Monsieur?

SBRIGANI.

Mettez le vostre chapeau sur le teste, Montsir, si ve plaist.

ORONTE.

Dites-moy, Monſieur, ce que vous voulez.

SBRIGANI.

Moy le dire rien, Montſir, ſi vous le mettre pas le chapeau ſur le teſte.

ORONTE.

Soit. Qu'y a-t-il, Monſieur?

SBRIGANI.

Fous connoiſtre point en ſti File vn certe Montſir Oronte?

ORONTE.

Oüy, ie le connoy.

SBRIGANI.

Et quel Homme eſt-ile, Montſir, ſi ve plaiſt?

ORONTE.

C'eſt vn Homme comme les autres.

SBRIGANI.

Ie vous temande, Montſir, s'il eſt vn Homme riche qui a du bienne?

ORONTE.

ORONTE.

Oüy.

SBRIGANI.

Mais riche beaucoup grandement, Montſir ?

ORONTE.

Oüy.

SBRIGANI.

I'en ſuy aiſe beaucoup, Montſir.

ORONTE.

Mais pourquoy cela ?

SBRIGANI.

L'eſt, Montſir, pour vn petit raiſonne de conſequence pour nous.

ORONTE.

Mais encore, pourquoy ?

SBRIGANI.

L'eſt, Montſir, que ſti Montſir Oronte donne ſon Fille en mariage à vn certe Montſir de Pourcegnac.

ORONTE.

He bien.

SBRIGANI.

Et ſti Montſir de Pourcegnac, Montſir, l'eſt vn Homme que doivre beaucoup grandement à dix ou douze Marchanne Flamane qui eſtre venu icy.

ORONTE.

Ce Monſieur de Pourceaugnac doit beaucoup à dix ou douze Marchands ?

SBRIGANI.

Oüy, Montſir ; & depuis huite mois nous auoir obtenir vn petit Santence contre luy, & luy à remettre à payer tou ce Creanciers de ſti Mariage que ſti Montſir Oronte donne pour ſon Fille.

ORONTE.

Hon, hon, il a remis là à payer ſes Creanciers ?

SBRIGANI.

Oüy, Montsir, & auec vn grant deuotion nous tous attendre sti Mariage.

ORONTE.

L'auis n'est pas mauuais. Ie vous donne le bon-jour.

SBRIGANI.

Ie remercie, Montsir, de la faueur grande.

ORONTE.

Vostre tres-humble valet.

SBRIGANI.

Ie le suis, Montsir, obliger plus que beaucoup du bon nouuel que Montsir m'auoir donné.

Cela ne va pas mal; quittons nostre ajustement de Flamant pour songer à d'autres machines, & tâchons de semer tant de soupçons & de diuision entre le Beau-pere & le Gendre, que cela rompe le Mariage pretendu. Tous deux également sont propres à gober les hameçons qu'on leur veut tendre ; & entre nous autres Fourbes de la première Classe, nous ne faisons que nous joüer, lors que nous trouuons vn Gibier aussi facile que celuy-là.

SCENE IV.

M. POVRCEAVGNAC, SBRIGANI.

M. POVRCEAVGNAC.

P*Iglia-lo sú, piglia-lo sú, Signor Monsu*. Que diable est-ce là ? Ah !

SBRIGANI.

Qu'est-ce, Monsieur, qu'auez-vous ?

M. POVRCEAVGNAC.

Tout ce que ie voy, me semble Lauement.

SBRIGANI.

Comment?

M. POVRCEAVGNAC.

Vous ne ſçauez pas ce qui m'eſt arriué dans ce Logis à la porte duquel vous m'auez conduit?

SBRIGANI.

Non vrayment, qu'eſt-ce que c'eſt?

M. POVRCEAVGNAC.

Ie penſois y eſtre regalé comme il faut.

SBRIGANI.

Hé bien?

M. POVRCEAVGNAC.

Ie vous laiſſe entre les mains de Monſieur. Des Medecins habillez de noir. Dans vne chaiſe. Tâter le poulx. Comme ainſi ſoit. Il eſt fou. Deux gros jouflus. Grands chapeaux. *Bon di, bon di.* Six Pantalons. Ta, ra, ta, ta: Ta, ra, ta, ta. *Alegramente Monſu Pourceaugnac.*

Apotiquaire. Lauement. Prenez, Monsieur, prenez, prenez. Il est benin, benin, benin. C'est pour déterger, pour déterger, déterger. *Piglia-lo sù, Signor Monsù, piglia-lo, piglia-lo, piglia-lo sù.* Iamais ie n'ay esté si saoul de sottises.

SBRIGANI.

Qu'est-ce que tout cela veut dire ?

M. POVRCEAVGNAC.

Cela veut dire que cet Homme-là, auec ses grandes embrassades, est vn Fourbe qui m'a mis dans vne Maison pour se moquer de moy, & me faire vne piece.

SBRIGANI.

Cela est-il possible ?

M. POVRCEAVGNAC.

Sans doute, ils estoient vne douzaine de Possedez apres mes chausses ; & i'ay eu toutes les peines du monde à m'échaper de leurs pates.

SBRIGANI.

Voyez-vn peu, les mines sont bien trompeuses ! Ie l'aurois crû le plus affectionné de vos Amis. Voila vn de mes étonnemens, comme il est possible qu'il y ait des Fourbes comme cela dans le Monde.

M. POVRCEAVGNAC.

Ne sens-je point le Lauement ? voyez, ie vous prie.

SBRIGANI.

Eh il y a quelque petite chose qui approche de cela.

M. POVRCEAVGNAC.

I'ay l'odorat & l'imagination tout remply de cela, & il me semble toûjours que ie voy vne douzaine de Lauemens qui me couchent en joüe.

SBRIGANI.

Voila vne meschanceté bien grande ! & les Hommes sont bien traîtres & scelerats !

M. POVRCEAVGNAC.

Enſeignez-moy, de grace, le Logis de Monſieur Oronte; ie ſuis bien aiſe d'y aller tout à l'heure.

SBRIGANI.

Ah, ah, vous eſtes donc de complexion amoureuſe, & vous auez oüy parler que ce Monſieur Oronte a vne Fille....

M. POVRCEAVGNAC.

Oüy, ie viens l'épouſer.

SBRIGANI.

L'é... l'épouſer?

M. POVRCEAVGNAC.

Oüy.

SBRIGANI.

En mariage?

M. POVRCEAVGNAC.

De quelle façon donc?

SBRIGANI.

Ah c'eſt vne autre choſe, & ie vous demande pardon.

M. POVRCEAVGNAC.

Qu'est-ce que cela veut dire ?

SBRIGANI.

Rien.

M. POVRCEAVGNAC.

Mais encor ?

SBRIGANI.

Rien, vous dis-je ; i'ay vn peu parlé trop viste.

M. POVRCEAVGNAC.

Ie vous prie de me dire ce qu'il y a là-dessous.

SBRIGANI.

Non, cela n'est pas necessaire.

M. POVRCEAVGNAC.

De grace.

SBRIGANI.

Point, ie vous prie de m'en dispenser.

M. POVRCEAVGNAC.

Est-ce que vous n'estes pas de mes Amis ?

SBRIGANI.

Si-fait, on ne peut pas l'eſtre dauantage.

M. POVRCEAVGNAC.

Vous deuez donc ne me rien cacher.

SBRIGANI.

C'eſt vne choſe où il y va de l'intereſt du prochain.

M. POVRCEAVGNAC.

Afin de vous obliger à m'ouurir voſtre cœur, voila vne petite Bague que ie vous prie de garder pour l'amour de moy.

SBRIGANI.

Laiſſez-moy conſulter vn peu ſi ie le puis faire en conſcience. C'eſt vn Homme qui cherche ſon bien, qui tâche de pouruoir ſa Fille le plus auantageuſement qu'il eſt poſſible, & il ne faut nuire à perſonne. Ce ſont des choſes qui ſont connuës à la veu rité, mais i'iray les découurir à vn Homme qui les ignore, & il est defendu de scandaliser son prochain : Cela est vray ; mais d'autre part voila vn Etranger qu'on veut surprendre, & qui de bonne foy vient se marier auec vne Fille qu'il ne connoist pas, & qu'il n'a iamais veuë ; vn Gentilhomme plein de franchise, pour qui ie me sens de l'inclination, qui me fait l'honneur de me tenir pour son Amy, prend confiance en moy, & me donne vne Bague à garder pour l'amour de luy. Oüy, ie trouue que ie puis vous dire les choses sans blesser ma conscience ; mais tâchons de vous les dire le plus doucement qu'il nous sera possible, & d'épargner les Gens le plus que nous pourons. De vous dire que cette Fille-là mene vne vie des-honneste, cela seroit vn peu trop fort ; cherchons pour nous expliquer, quelques termes plus doux. Le mot de Galante aussi n'est pas assez; celuy de Coquette acheuée, me semble propre à ce que nous voulons, & ie m'en puis seruir, pour vous dire honnestement ce qu'elle est.

M. POVRCEAVGNAC.

L'on me veut donc prendre pour dupe?

SBRIGANI.

Peut-estre dans le fond n'y a-t-il pas tant de mal que tout le monde croit; & puis il y a des Gens, apres tout, qui se mettent au dessus de ces sortes de choses, & qui ne croyent pas que leur honneur dépende.....

M. POVRCEAVGNAC.

Ie suis vostre seruiteur, ie ne me veux point mettre sur la teste vn chapeau comme celuy-là, & l'on aime à aller le front leué dans la

Famille des Pourceaugnacs.

SBRIGANI.

Voila le Pere.

M. POVRCEAVGNAC.

Ce Vieillard-là?

SBRIGANI.

Oüy, ie me retire.

SCENE V.

ORONTE, M. POVRC.

M. POVRCEAVGNAC.

Bon-jour, Monsieur, bon-jour.

ORONTE.

Seruiteur, Monsieur, seruiteur.

M. POVRCEAVGNAC.

Vous estes Monsieur Oronte, n'est-ce pas?

ORONTE.

Oüy.

M. POVRCEAVGNAC.

Et moy, Monsieur de Pourceaugnac.

ORONTE.

A la bonne heure.

M. POVRCEAVGNAC.

Croyez-vous, Monsieur Oronte, que les Limosins soient des sots?

ORONTE.

Croyez-vous, Monsieur de Pourceaugnac, que les Parisiens soient des bestes?

M. POVRCEAVGNAC.

Vous imaginez-vous, Monsieur Oronte, qu'vn Homme comme moy soit si affamé de Femme?

ORONTE.

Vous imaginez-vous, Monsieur de Pourceaugnac, qu'vne Fille comme la mienne soit si affamée de Mary?

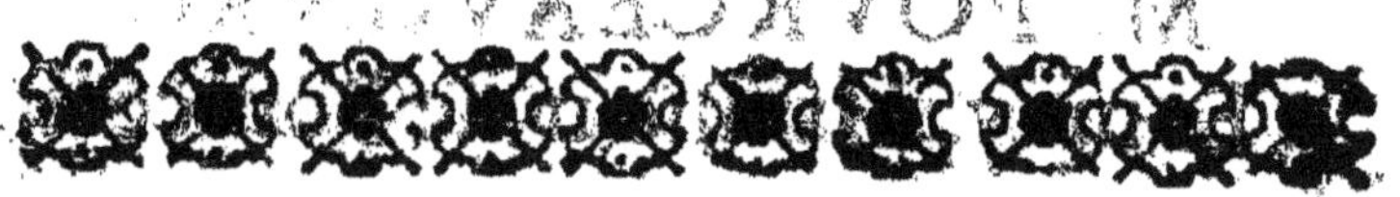

SCENE VI.

IVLIE, ORONTE, M. POVRCEAVGNAC.

IVLIE.

ON vient de me dire, mon Pere, que Monsieur de Pourceaugnac est arriué. Ah le voila sans doute, & mon cœur me le dit. Qu'il est bien fait! qu'il a bon air! & que ie suis contente d'auoir vn tel Epoux! Souffrez que ie l'embrasse, & que ie luy témoigne....

ORONTE.

Doucement, ma Fille, doucement.

M. POVRCEAVGNAC.

Tu-dieu, quelle Galante! comme elle prend feu d'abord!

ORONTE.

Ie voudrois bien ſçauoir, Monſieur de Pourceaugnac, par quelle raiſon vous venez....

IVLIE.

Que ie ſuis aiſe de vous voir ! & que ie brule d'impatience....

ORONTE.

Ah, ma Fille, oſtez-vous de là, vous dis-je.

M. POVRCEAVGNAC.

Iulie s'aproche de M. de P. le regarde d'vn air languiſsãt, & luy veut prendre la main.

Ho, ho, quelle égrillarde !

ORONTE.

Ie voudrois bien, dis-je, ſçauoir par quelle raiſon, s'il vous plaiſt, vous auez la hardieſſe de....

M. POVRCEAVGNAC.

Vertu de ma vie !

ORONTE.

Encor, qu'eſt-ce à dire cela ?

IVLIE.

Ne voulez-vous pas que ie careſſe l'Epous que vous m'auez choiſy ?

ORONTE.

Non, rentrez là-dedans.

IVLIE.

Laissez-moy le regarder.

ORONTE.

Rentrez, vous dis-je.

IVLIE.

Ie veux demeurer là, s'il vous plaist.

ORONTE.

Ie ne veux pas, moy ; & si tu ne rentre tout à l'heure, ie....

IVLIE.

Hé bien, ie rentre.

ORONTE.

Ma Fille est vne sotte, qui ne sçait pas les choses.

M. POVRCEAVGNAC.

Comme nous luy plaisons !

ORONTE.

Tu ne veux pas te retirer ?

IVLIE.

Quand est-ce donc que vous

me mariërez auec Monsieur?

ORONTE.

Iamais; & tu n'es pas pour luy

IVLIE.

Ie le veux auoir, moy, puis qu
vous me l'auez promis.

ORONTE.

Si ie te l'ay promis, ie te le dé
promets.

M. POVRCEAVGNAC.

Elle voudroit bien me tenir.

IVLIE.

Vous auez beau faire, nous se
rons mariez ensemble en dépit d
tout le monde.

ORONTE.

Ie vous en empescheray bien
tout deux, ie vous assure. Voyez
vn peu quel *vertigo* luy prend.

M. POVRCEAVGNAC.

Mon Dieu, nostre Beauper
pretendu, ne vous fatiguez poin
tant; on n'a pas enuie de vou

enleuer vostre Fille, & vos grimaces n'atraperont rien.

ORONTE.

Toutes les vostres n'auront pas grand effet.

M. POVRCEAVGNAC.

Vous estes-vous mis dans la teste que Leonard de Pourceaugnac soit vn Homme á acheter Chat en poche? & qu'il n'ait pas là-dedans quelque morceau de judiciaire pour se conduire, pour se faire informer de l'histoire du Monde, & voir en se mariant, si son honneur a bien toutes ses seuretez?

ORONTE.

Ie ne sçay pas ce que cela veut dire: mais vous estes-vous mis dans la teste, qu'vn Homme de soixante & trois ans ait si peu de ceruelle, & considere si peu sa Fille, que de la marier auec vn

Homme qui a ce que vous sçauez, & qui a esté mis chez vn Medecin pour estre pansé ?

M. POVRCEAVGNAC.

C'est vne piece que l'on m'a faite, & ie n'ay aucun mal.

ORONTE.

Le Medecin me l'a dit luy-mesme.

M. POVRCEAVGNAC.

Le Medecin en a menty ; ie suis Gentilhomme, & ie le veux voir l'épée à la main.

ORONTE.

Ie sçay ce que i'en dois croire, & vous ne m'abuserez pas là-dessus, non plus que sur les debtes que vous auez assignées sur le Mariage de ma Fille.

M. POVRCEAVGNAC.

Quelles debtes ?

ORONTE.

La feinte icy est inutile, & i'ay

veu le Marchand Flaman, qui, auec les autres Creanciers, a obtenu depuis huit mois Sentence contre vous.

M. POVRCEAVGNAC.

Quel Marchand Flaman? quels Creanciers? quelle Sentence obtenuë contre moy?

ORONTE.

Vous sçauez bien ce que ie veux dire.

SCENE VII.

LVCETTE, ORONTE, M. POVRCEAVGNAC.

LVCETTE.

AH tu es assy, & à la fy yeu te trobi aprés abé fait tant de passés. Podes-tu, scelerat, podes-tu sousteni ma bisto?

M. POURCEAUGNAC.

Qu'est-ce que veut cette Femme là?

LUCETTE.

Que te boli, infame! tu fas semblan de nou me pas counouysse, & nou rougisses pas, impudent que tu sios, tu ne rougisses pas de me beyre? Nou saby pas, Moussur, saquos bous dont m'an dit que bouillo espousa la Fillo; may yeu bous declari que yeu soun sa Fenno, & que ya set ans, Moussur, qu'en passan à Pezenas el auguet l'adresse dambé sas mignardisos, commo sap tapla fayre, de me gaigna lou cor, & m'oubligel pra quel mouyen à ly douna la ma per l'espousa.

ORONTE.

Oh, oh.

M. POURCEAUGNAC.

Que Diable est-ce-cy?

LVCETTE.

Lou trayté me quitel trés ans aprés, ſul preteſte de qualques affayrés que l'apelabon dins ſoun Païs, & deſpey noun ly reſçau put quaſo de noubelo; may dins lou tens qui ſoungeabi lou mens, m'an dounat abiſt, que begnio dins aqueſto Bilo, per ſe remarida danbé vn autro joüena Fillo, que ſous Parens ly an proucurado, ſenſſe ſaupré res de ſou prumié mariatge. Yeu ay tout quitat en diligenſſo, & me ſoüy rendu do-dins aqueſte Loc lou pu leu qu'ay pouſcut, per m'oupouſa en aquel criminel mariatge, & confondre as ely de tout le mounde lou plus méchant des Hommes.

M. POVRCEAVGNAC.

Voila vne étrange effrontée!

LVCETTE.

Impudent, n'as pas honte de

m'injuria, alloc d'estre confus day reproches secrets que ta counsiensso te deu fayre ?

M. POVRCEAVGNAC.

Moy, ie suis vostre Mary ?

LVCETTE.

Infame, gausos-tu dire lou countrari ? He tu sabes be, per ma penno, que n'es que trop bertat ; & plaguesso al Cel qu'aco nou fougesso pas, & que m'auquessos layssado dins l'estat d'innoussenço, & dins la tranquillitat oun moun amo bibio daban que tous charmes & tas trounpariés nou m'en benguesson malhuroufomen fayre fourty ; yeu nou serio pas reduito à fayré lou tristé perssounatgé quyeu faue presentomen ; à beyre vn Marit cruel mespresa touto l'ardou que yeu ay per el, & me laissa sensse cap de pietat abandounado à las mourtéles doulous que

que yeu reſſenty de ſas perfidos acciûs.

ORONTE.

Ie ne ſçaurois m'empeſcher de pleurer. Allez, vous eſtes vn méchant Homme.

M. POVRCEAVGNAC.

Ie ne connoy rien à tout cecy.

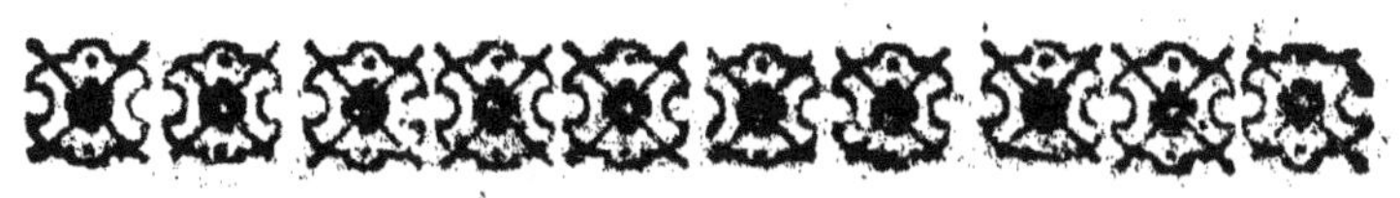

SCENE VIII.

NERINE *en Picarde*, LVCETTE, ORONTE, M. POVRC.

NERINE.

AH ie n'en pis plus, ie ſis toute eſſoflée. Ah finfaron, tu m'as bien fait courir, tu ne m'écaperas mie. Iuſtice, juſtice; ie boute empeſchement au Mariage. Ches mon Mery, Monſieur, & ie veux faire pindre che bon pindar là.

M. POVRCEAVGNAC.

Encor!

ORONTE.

Quel diable d'Homme est-ce-cy?

LVCETTE.

Et que boulés-bous dire, ambe bostre empachomen, & bostro pendarié? Quaquel Homo es bostre Marit?

NERINE.

Oüy, Medeme, & ie sis sa Femme.

LVCETTE.

Aquo es faus, aquos yeu que soun sa Fenno; & se deûestre pendut, aquo sera yeu que lou faray penda.

NERINE.

Ie n'entains mie che baragoin là.

LVCETTE.

Yeu bous disy que yeu soun sa Fenno.

NERINE.

Sa Femme?

LVCETTE.

Oy.

NERINE.

Ie vous dis que cheſt my, encor in coup, qui le fis.

LVCETTE.

Et yeu bous ſouſteni yeu, qu'aquos yeu.

NERINE.

Il y a quetre ans qu'il m'a épouſée.

LVCETTE.

Et yeu ſet ans ya que m'a preſſo per Fenno.

NERINE.

I'ay des gairents de tout ce que ie dy.

LVCETTE.

Tout mon Païs lo ſap.

NERINE.

No Ville en eſt témoin.

LVCETTE.

Tout Pezenas a biſt noſtre mariatge.

NERINE.

Tout Chin Quentin a assisté à no Noce.

LVCETTE.

Nou ya res de tan beritable.

NERINE.

Il gn'y a rien de plus chertain.

LVCETTE.

Gausos-tu dire lou contrari, valisquos?

NERINE.

Est-che que tu me démaintiras, méchaint Homme?

M. POVRCEAVGNAC.

Il est aussi vray l'vn que l'autre.

LVCETTE.

Quaigninpudensso! Et coussy, miserable, nou te soubenes plus de la pauró Françon, & del paure Ieanet, que soun lous fruits de nostre mariatge?

NERINE.

Bayez vn peu l'insolence, Quoy,

tu ne te souuiens mie de chette pauure ainfain, no petite Madelaine, que tu m'as laichée pour gaige de ta foy?

M. POVRCEAVGNAC.

Voila deux impudentes carognes!

LVCETTE.

Beny Françon, beny Ieanet, beny toustou, beny toustoune, beny fayre beyre à vn Payre dénaturat, la duretat quel a per nautres.

NERINE.

Venez Madelaine, me n'ainfain, venez-vesen ichy faire honte à vo Pere de l'inpudainche qu'il a.

IEA. FAN. MAG.

Ah mon Papa, mon Papa, mon Papa.

M. POVRCEAVGNAC.

Diantre soit des petits Fils de Putains.

LVCETTE.

Couſſy, trayte, tu nou ſios pas dins la darniere confuſiu, de reſ-ſaupre à tal tous Enfans, & de ferma l'aureillo à la tendreſſo paternello ? Tu nou m'eſcaperas pas, infame, yeu te boly ſeguy per tout, & te reproucha ton crime juſquos à tant que me ſio beniado, & que t'ayo fayt penia, couqui, te boly fayré penia.

NERINE.

Ne rougis-tu mie de dire ches mots là, & d'eſtre inſainſible aux caireſſes de chette pauure ainfain ? Tu ne te ſauueras mie de mes pates; & en dépit de tes dains, ie feray bien voir que ie ſis ta Femme, & ie te feray peindre.

Les Enfans tous enſemble.

Mon Papa, mon Papa, mon Papa.

M. POVRCEAVGNAC.

Au ſecours, au ſecours, où fuiray-je ? ie n'en puis plus.

ORONTE.

Allez, vous ferez bien de le faire punir, & il merite d'eſtre pendu.

SCENE IX.

SBRIGANI.

IE conduis de l'œil toutes choſes, & tout cecy ne va pas mal. Nous fatiguerons tant noſtre Prouincial, qu'il faudra, ma foy, qu'il déguerpiſſe.

SCENE X.

M. POVRCEAVGNAC, SBRIGANI.

M. POVRCEAVGNAC.

AH ie suis assommé. Quelle peine! quelle maudite Ville! Assassiné de tous costez!

SBRIGANI.

Qu'est-ce, Monsieur, est-il encor arriué quelque chose?

M. POVRCEAVGNAC.

Oüy. Il pleut en ce Païs des Femmes & des Lauemens.

SBRIGANI.

Comment donc?

M. POVRCEAVGNAC.

Deux Carognes de baragoüineuses me sont venu accuser de les

auoir épousé toutes deux, & me menacent de la Iustice.

SBRIGANI.

Voila vne méchante affaire, & la Iustice en ce Païs-cy est rigoureuse en diable contre cette sorte de crime.

M. POVRCEAVGNAC.

Oüy : Mais quand il y auroit Information, Ajournement, Decret & Iugement obtenu par surprise, Defaut & Contumace, i'ay la voye de Conflit de Iurisdiction, pour temporiser & venir aux Moyens de nullité qui seront dans les Procedures.

SBRIGANI.

Voila en parler dans tous les termes ; & l'on voit bien, Monsieur, que vous estes du mestier.

M. POVRCEAVGNAC.

Moy, point du tout, ie suis Gentilhomme.

SBRIGANI.

Il faut bien pour parler ainsi, que vous ayez étudié la Pratique.

M. POVRCEAVGNAC.

Point, ce n'est que le sens commun qui me fait juger que ie seray toûjours receu à mes Faits justificatifs, & qu'on ne me sçauroit condamner sur vne simple accusation, sans vn recollement & confrontation auec mes Parties.

SBRIGANI.

En voila du plus fin encore.

M. POVRCEAVGNAC.

Ces mots là me viennent sans que ie les sçache.

SBRIGANI.

Il me semble que le sens commun d'vn Gentilhomme peut bien aller à conceuoir ce qui est du droict & de l'ordre de la Iustice; mais non pas à sçauoir les vrays termes de la Chicane.

M. POVRCEAVGNAC.

Ce sont quelques mots que i'ay retenus en lisant les Romans.

SBRIGANI.

Ah fort bien.

M. POVRCEAVGNAC.

Pour vous montrer que ie n'entens rien du tout à la Chicane, ie vous prie de me mener chez quelque Aduocat pour consulter mon Affaire.

SBRIGANI.

Je le veux, & vais vous conduire chez deux Hommes fort habiles; mais i'ay auparauant à vous auertir de n'estre point surpris de leur maniere de parler; ils ont contracté du Barreau certaine habitude de Declamation, qui fait que l'on diroit qu'ils chantent, & vous prendrez pour Musique tout ce qu'ils vous diront.

M. POVRCEAVGNAC.

Qu'importe comme ils parlent, pourueu qu'ils me disent ce que ie veux sçauoir.

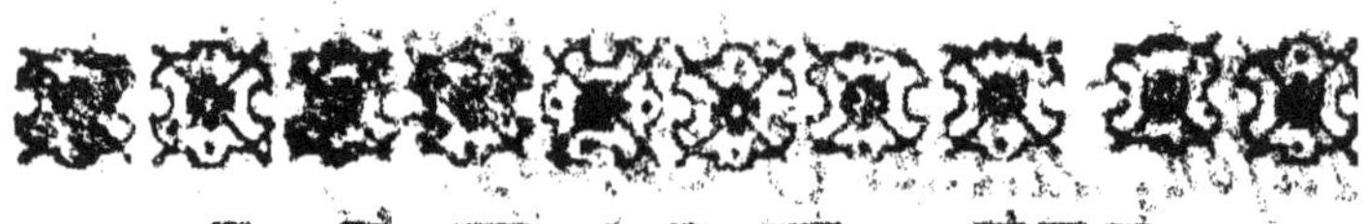

SCENE XI.

SBRIGANI, M. POVRC. DEVX ADVOCATS *Musiciens dont l'vn parle fort lentement, & l'autre fort viste, accompagnez de* 2. PROCVR. *& de* 2. SERG.

L'Auocat traisnant ses paroles.

LA Poligamie est vn cas,
Est vn cas pendable.

L'Auocat bredoüilleur.

Vostre fait
Est clair & net,
Et tout de droit
Sur cet endroit
Conclut tout droit.
Si vous consultez nos Autheurs,

Legiſlateurs & Gloſſateurs,
Iuſtinian, Papinian,
Vlpian & Tribonian,
Fernand, Rebuffe, Iean Imole,
Paul, Caſtre, Iulian, Barthole,
Iaſon, Alciat & Cujas,
Ce grand Homme ſi capable;
La Polygamie eſt vn cas
Eſt vn cas pendable.

Tous les Peuples policez,
Et bien ſenſez;
Les François, Anglois, Hollandois,
Danois, Suedois, Polonois,
Portugais, Eſpagnols, Flamans,
Italiens, Allemans,
Sur ce fait tiennent loy ſemblable,
Et l'affaire eſt ſans embarras;
La Polygamie eſt vn cas,
Eſt vn cas pendable.

Monſieur Pourceaugnac les bat. Deux Procureurs & deux Sergens dancent vne Entrée, qui finit l'Acte.

Fin du Second Acte.

ACTE III.

SCENE PREMIERE.

ERASTE, SBRIGANI.

SBRIGANI.

OVY, les choses s'acheminent où nous voulons: Et comme ses lumieres sont fort petites, & son sens le plus borné du monde, ie luy ay fait prendre vne frayeur si grande de la seuerité de la Iustice de ce Païs, & des aprests qu'on faisoit déja pour sa mort, qu'il veut prendre la fuite, & pour se dérober auec plus de facilité aux Gens que ie luy ay dit qu'on auoit mis pour l'arrester aux Portes de la Ville, il s'est resolu à se déguiser, & le déguisement qu'il a pris est l'habit d'vne Femme.

ERASTE.

Ie voudrois bien le voir en cet équipage.

SBRIGANI.

Songez de vostre part à acheuer la Comedie ; & tandis que ie joüeray mes Scenes auec luy, allez-vous-en.... vous entendez bien ?

ERASTE.

Oüy.

SBRIGANI.

Et lors que ie l'auray mis où ie veux....

ERASTE.

Fort bien.

SBRIGANI.

Et quand le Pere aura esté auerty par moy....

ERASTE.

Cela va le mieux du monde.

SBRIGANI.

Voicy nostre Demoiselle, allez viste, qu'il ne nous voye ensemble.

SCENE II.

M. POVRCEAVG. *en Femme,* SBRIGANI.

SBRIGANI.

POur moy ie ne croy pas qu'en cet état on puisse iamais vous connoistre, & vous auez la mine comme cela, d'vne Femme de condition.

M. POVRCEAVGNAC.

Voila qui m'étonne, qu'en ce Païs-cy les formes de la Iustice ne soient point obseruées.

SBRIGANI.

Oüy, ie vous l'ay deja dit, ils commencent icy par faire pendre vn Homme, & puis ils luy font son Procés.

M. POVRCEAVGNAC.

Voila vne Iustice bien injuste.

SBRIGANI.

Elle est seuere comme tous les Diables, particulierement sur ces sortes de crimes.

M. POVRCEAVGNAC.

Mais quand on est innocent?

SBRIGANI.

N'importe, ils ne s'enquestent point de cela; & puis ils ont en cette Ville vne haine effroyable pour les Gens de vostre Païs, & ils ne sont point plus rauis que de voir pendre vn Limosin.

M. POVRCEAVGNAC.

Qu'est-ce que les Limosins leur ont fait?

SBRIGANI.

Ce ſont des brutaux, ennemis de la gentilleſſe & du merite des autres Villes. Pour moy ie vous auoüe que ie ſuis pour vous dans vne peur épouuantable; & ie ne me conſolerois de ma vie, ſi vous veniez à eſtre pendu.

M. POVRCEAVGNAC.

Ce n'eſt pas tant la peur de la mort qui me fait fuir, que de ce qu'il eſt fâcheux à vn Gentil-homme d'eſtre pendu, & qu'vne preuue comme celle-là feroit tort à nos Titres de Nobleſſe.

SBRIGANI.

Vous auez raiſon, on vous conteſteroit aprés cela le Titre d'Eſcuyer. Au reſte, étudiez-vous, quand ie vous meneray par la main, à bien marcher comme vne Femme, & prendre le langage

& toutes les manieres d'vne Personne de qualité.

M. POVRCEAVGNAC.

Laissez-moy faire, i'ay veu les Personnes du bel air; tout ce qu'il y a, c'est que i'ay vn peu de barbe.

SBRIGANI.

Vostre barbe n'est rien, & il y a des Femmes qui en ont autant que vous. Cà, voyons vn peu comme vous ferez. Bon.

M. POVRCEAVGNAC.

Allons donc, mon Carosse; où est-ce qu'est mon Carosse? Mon Dieu, qu'on est miserable, d'auoir des Gens comme cela! Est-ce qu'on me fera attendre toute la journée sur le paué, & qu'on ne me fera point venir mon Carosse?

SBRIGANI.

Fort bien.

M. POVRCEAVGNAC.

Hola ho, Cocher, petit Laquais. Ah petit fripon, que de coups de foüet ie vous feray donner tantost! Petit Laquais, petit Laquais; où est-ce donc qu'est ce petit Laquais? ce petit Laquais ne se trouuera-t-il point? ne me fera-t-on point venir ce petit Laquais? est-ce que ie n'ay point vn petit Laquais dans le monde?

SBRIGANI.

Voila qui va à merueille: mais ie remarque vne chose, cette Coiffe est vn peu trop deliée, i'en vais querir vne vn peu plus épaisse, pour vous mieux cacher le visage, en cas de quelque rencontre.

M. POVRCEAVGNAC.

Que deuiendray-je cependant?

SBRIGANI.

Attendez-moy là, ie suis à vous dans vn moment; vous n'auez qu'à vous promener.

SCENE III.

DEVX SVISSES, M. POVRCEAVGNAC.

1. SVISSE.

ALlons, dépeschons, Camerade, ly faut allair tout deux nous à la Greve pour regarter vn peu chousticier sti Monsiu de Pourçegnac qui l'a esté contané par Ortonnance à l'estre pendu par son cou.

2. SVISSE.

Ly faut nous loër vn fenestre pour foir sti Choustice.

1. SVISSE.

Ly disent que l'on fait téja planter vn grand potence tout neuve pour ly acrocher sti Porcegnac.

2. SVISSE.

Ly ſira, ma foy, vn grand plaiſir, dy regarter pendre ſti Limoſin.

1. SVISSE.

Oüy, de ly foir gambiller les pieds en haut teuant tout le monde.

2. SVISSE.

Ly eſt vn plaiſant drole, oüy; ly diſent que c'eſtre marié troy foye.

1. SVISSE.

Sti diable ly vouloir troy Femmes à ly tout ſeul; ly eſt bien aſſez t'une.

2. SVISSE.

Ah pon chour, Mameſelle.

1. SVISSE.

Que faire fous là tout ſeul?

M. POVRCEAVGNAC.

I'attens mes Gens, Meſſieurs.

2. SVISSE.

Ly eſt belle, par mon foy.

M. POVRCEAVGNAC.

Doucement, Messieurs.

I. SVISSE.

Fous, Mameselle, fouloir finir réchoüir fous à la Creve ? nous faire foir à fous vn petit pendement pien choly.

M. POVRCEAVGNAC.

Ie vous rens grace.

2. SVISSE.

L'est vn Gentilhoume Limossin qui sera pendu chantiment, à vn grand potence.

M. POVRCEAVGNAC.

Ie n'ay pas de curiosité.

I. SVISSE.

Ly est là vn petit teton qui l'est drole.

M. POVRCEAVGNAC.

Tout-beau.

I. SVISSE.

Mon foy, moy couchair pien auec fous.

M. POVRCEAVGNAC.

Ah ç'en est trop, & ces sortes d'ordures-là ne se disent point à vne Femme de ma condition.

1. SVISSE.

Laisse-toy, l'est moy qui le veut couchair auec elle.

II. SVISSE.

Moy ne vouloir pas laisser.

2. SVISSE.

Moy ly vouloir, moy.

1. SVISSE.

Ils le tirent auec violence.

Moy ne faire rien.

2. SVISSE.

Toy l'auoir menty.

1. SVISSE.

Toy l'auoir menty toy-mesme.

M. POVRCEAVGNAC.

Au secours, à la force.

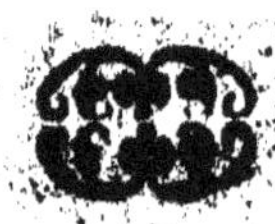

SCENE

SCENE IV.

VN EXEMPT, 2. ARCHERS, 1. & 2. SVISSES, M. POVRC.

L'EXEMPT.

QV'est-ce? quelle violence est-ce-là? & que voulez-vous faire à Madame? Allons, que l'on sorte de là, si vous ne voulez que ie vous mette en prison.

1. SVISSE.

Party pon, toy ne l'auoir point.

2. SVISSE.

Party pon aussi, toy ne l'auoir point encore.

M. POVRCEAVGNAC.

Ie vous suis bien obligée, Monsieur, de m'auoir deliurée de ces insolens.

L'EXEMPT.

Oüay, voila vn visage qui ressẽble bien à celuy que l'on m'a dépeint.

L

M. POVRCEAVGNAC.

Ce n'eſt pas moy, ie vous aſſure.

L'EXEMPT.

Ah, ah, qu'eſt-ce que ie veux dire?

M. POVRCEAVGNAC.

Ie ne ſçay pas.

L'EXEMPT.

Pourquoy donc dites-vous cela?

M. POVRCEAVGNAC.

Pour rien.

L'EXEMPT.

Voila vn diſcours qui marque quelque choſe, & ie vous arreſte priſonnier.

M. POVRCEAVGNAC.

Eh, Monſieur, de grace.

L'EXEMPT.

Non, non, à voſtre mine, & à vos diſcours, il faut que vous ſoyez ce Monſieur de Pourceaugnac que nous cherchons, qui ſe ſoit déguiſé de la ſorte; & vous viendrez en priſon tout-à-l'heure.

M. POVRCEAVGNAC.

Helas!

SCENE V.

L'EXEMPT, ARCHERS, SBRIGANI, M. POVRC.

SBRIGANI.

AH Ciel! que veut dire cela?

M. POVRCEAVGNAC.

Ils m'ont reconnu.

L'EXEMPT.

Oüy, oüy, c'est dequoy ie suis rauy.

SBRIGANI.

Eh, Monsieur, pour l'amour de moy; vous sçauez que nous sommes Amis il y a long-temps; ie vous conjure de ne le point mener en prison,

L'EXEMPT.

Non, il m'est impossible,

SBRIGANI.

Vous estes Homme d'accommodement; n'y a-t-il pas moyen d'ajuster cela auec quelques Pistoles?

L'EXEMPT *à ses Archers.*

Retirez-vous vn peu.

SBRIGANI.

Il faut luy donner de l'argent pour vous laisser aller; Faites viste.

M. POVRCEAVGNAC.

Ah maudite Ville!

SBRIGANI.

Tenez, Monsieur.

L'EXEMPT.

Combien y a-t-il?

SBRIGANI.

Vn, deux, trois, quatre, cinq, six, sept, huit, neuf, dix.

L'EXEMPT.

Non, mon ordre est trop exprés.

SBRIGANI.

Mon Dieu attendez. Dépeschez, donnez-luy-en encore autant.

M. POVRCEAVGNAC.

Mais....

SBRIGANI.

Dépeſchez-vous, vous dis-je, & ne perdez point de temps: Vous auriez vn grand plaiſir, quand vous feriez pendu.

M. POVRCEAVGNAC.

Ah!

SBRIGANI.

Tenez, Monſieur.

L'EXEMPT.

Il faut donc que ie m'enfuye auec luy, car il n'y auroit point icy de ſeureté pour moy. Laiſſez-le moy conduire, & ne bougez d'icy.

SBRIGANI.

Ie vous prie donc d'en auoir vn grand ſoin.

L'EXEMPT.

Ie vous promets de ne le point quitter, que ie ne l'aye mis en lieu de ſeureté.

M. POVRCEAVGNAC.

Adieu. Voila le ſeul honneſte

Homme que i'ay trouué en cette Ville.

SBRIGANI.

Ne perdez point de temps ; ie vous aime tant, que ie voudrois que vous fussiez déja bien loin. Que le Ciel te conduise ! Par ma foy, voila vne grande dupe. Mais voicy....

SCENE VI.

ORONTE, SBRIGANI.

SBRIGANI.

AH quelle étrange auanture ! quelle fâcheuse nouuelle pour vn Pere ! Pauure Oronte, que ie te plains ! Que diras-tu ? & de quelle façon pourras-tu suporter cette douleur mortelle ?

ORONTE.

Qu'est-ce ? quel malheur me presages-tu ?

SBRIGANI.

Ah, Monſieur, ce perfide de Limoſin, ce traiſtre de Monſieur de Pourceaugnac, vous enleue voſtre Fille.

ORONTE.

Il m'enleue ma Fille!

SBRIGANI.

Oüy; elle en eſt deuenuë ſi fole, qu'elle vous quitte pour le ſuiure; & l'on dit qu'il a vn Caractere pour ſe faire aimer de toutes les Femmes.

ORONTE.

Allons viſte à la Iuſtice. Des Archers apres eux.

SCENE VII.

ERASTE, IVLIE, SB. ORON.

ERASTE.

ALlons, vous viendrez malgré vous, & ie veux vous remettre entre les mains de voſtre Pere.

Tenez, Monsieur, voila vostre Fille que i'ay tirée de force d'entre les mains de l'Homme auec qui elle s'enfuyoit; non pas pour l'amour d'elle, mais pour vostre seule consideration : car apres l'action qu'elle a faite, ie dois la mépriser, & me guerir absolument de l'amour que i'auois pour elle.

ORONTE.

Ah infame que tu es!

ERASTE.

Comment? me traiter de la sorte apres toutes les marques d'amitié que ie vous ay données! Ie ne vous blâme point de vous estre soûmise aux volontez de Monsieur vostre Pere; il est sage & judicieux dans les choses qu'il fait, & ie ne me plains point de luy de m'auoir rejetté pour vn autre. S'il a manqué à la parole qu'il m'auoit donnée, il a ses raisons pour cela. On luy a fait croire que cet autre est plus riche que moy de quatre ou cinq mille écus ; & quatre ou cinq mille écus est vn denier considerable, & qui vaut bien la peine qu'vn Homme manque à sa parole : Mais oublier en vn moment toute l'ardeur que ie vous ay montrée, vous laisser d'abord enflâmer d'amour pour vn nouueau venu, & le suiure honteusement sans le consentement de Monsieur vostre Pere, apres les crimes qu'on luy impute, c'est vne chose condamnée de tout le monde, & dont mon cœur ne peut vous faire d'assez sanglans reproches.

IVLIE.

Hé bien oüy, i'ay conçeu de l'amour pour luy, & ie l'ay voulu suiure, puis que mon Pere me l'auoit choisy pour Epous. Quoy que vous me disiez, c'est vn fort honneste Homme ; & tous les crimes dont on l'accuse, sont faussetez épouuantables.

ORONTE.

Taiſez-vous ; vous eſtes vne impertinente, & ie ſçay mieux que vous ce qui en eſt.

IVLIE.

Ce ſont ſans doute des pieces qu'on luy fait, & c'eſt peut-eſtre luy qui a trouué cet artifice pour vous en dégoûter.

ERASTE.

Moy, ie ſerois capable de cela !

IVLIE.

Oüy, vous.

ORONTE.

Taiſez-vous, vous dis-je ? vous eſtes vne ſotte.

ERASTE.

Non, non, ne vous imaginez pas que i'aye aucune enuie de détourner ce Mariage, & que ce ſoit ma paſſion qui m'ait forcé à courir apres vous. Ie vous l'ay déja dit, ce n'eſt que la ſeule conſideration que i'ay pour Monſieur voſtre

Pere, & ie n'ay pû souffrir qu'vn honneste Homme comme luy fut exposé à la honte de tous les bruits qui pourroient suiure vne action comme la vostre.

ORONTE.

Ie vous suis, Seigneur Eraste, infiniment obligé.

ERASTE.

Adieu, Monsieur, i'auois toutes les ardeurs du monde d'entrer dans vostre Alliance; i'ay fait tout ce que i'ay pû pour obtenir vn tel honneur, mais i'ay esté malheureux, & vous ne m'auez pas jugé digne de cette grace. Cela n'empeschera pas que ie ne conserue pour vous les sentimens d'estime & de veneration où vostre Personne m'oblige; & si ie n'ay pû estre vostre Gendre, au moins seray-je eternellement vostre Seruiteur.

ORONTE.

Arrestez, Seigneur Eraste, vostre procedé me touche l'ame, & ie vous donne ma Fille en mariage.

IVLIE.

Ie ne veux point d'autre Mary que Monsieur de Pourceaugnac.

ORONTE.

Et ie veux moy, tout-à-l'heure, que tu prenes le Seigneur Eraste. Cà, la main.

IVLIE.

Non, ie n'en feray rien.

ORONTE.

Ie te donneray sur les oreilles.

ERASTE.

Non, non, Monsieur, ne luy faites point de violence, ie vous en prie.

ORONTE.

C'est à elle à m'obeïr, & ie sçay me montrer le Maistre.

ERASTE.

Ne voyez-vous pas l'amour qu'elle a pour cet Homme-là? &

voulez-vous que ie possede vn Corps, dont vn autre possedera le cœur?

ORONTE.

C'est vn sortilege qu'il luy a donné, & vous verrez qu'elle changera de sentiment auant qu'il soit peu. Donnez-moy vostre main. Allons.

IVLIE.

Ie ne....

ORONTE.

Ah que de bruit. Cà, vostre main, vous dis-je. Ah, ah, ah.

ERASTE.

Ne croyez pas que ce soit pour l'amour de vous que ie vous donne la main; ce n'est que Monsieur vostre Pere dont ie suis amoureux, & c'est luy que i'épouse.

ORONTE.

Ie vous suis beaucoup obligé, & i'augmente de dix mille écus le Mariage de ma Fille. Allons, qu'on fasse venir le Notaire pour dresser le Contract.

ERASTE.

En attendant qu'il vienne, nous pouuons joüir du diuertissement de la Saison, & faire entrer les Masques que le bruit des Nopces de M. de Pourceaugnac a attiré icy de tous les endroits de la Ville.

SCENE VIII.

PLVSIEVRS MASQVES *de toutes les manieres, dont les vns occupent plusieurs Balcons, & les autres sont dans la Place, qui par plusieurs Chansons & diuerses Dances & Jeux, cherchent à se donner des plaisirs innocens.*

VNE EGYPTIENNE.

Sortez, sortez de ces lieux,
Soucis, chagrins & tristesse,
Venez, venez ris & jeux,
Plaisirs, amour & tendresse,

Ne songeons qu'à nous réjoüir,
La grande affaire est le plaisir.

Chœur des Musiciens.

Ne songeons qu'à nous réjoüir,
La grande affaire est le plaisir.

L'EGYPTIENNE.

A me suiure tous icy,
Vostre ardeur est non commune,
Et vous estes en soucy
De vostre bonne fortune:
Soyez toûjours amoureux,
C'est le moyen d'estre heureux.

VN EGYPTIEN.

Aimons jusques au trèpas,
La raison nous y conuie:
Helas! si l'on n'aimoit pas,
Que seroit-ce de la vie?
Ah! perdons plutost le jour,
Que de perdre nostre amour.

Tous deux en Dialogue.

L'EGYPTIEN.

Les Biens.

L'EGYPTIENNE.

La Gloire.

L'EGYPTIEN.

Les Grandeurs,

L'EGYPTIENNE.

Les Sceptres qui font tant d'enuie.

L'EGYPTIEN.

Tout n'est rien, si l'amour n'y mesle ses ardeurs.

L'EGYPTIENNE.

Il n'est point, sans l'amour, de plaisir dans la vie.

Tous deux ensemble.

Soyons toûjours amoureux,
C'est le moyen d'estre heureux.

Le petit Chœur chante apres ces deux derniers Vers.

Sus, sus, chantons tous ensemble,
Dansons, sautons, joüons-nous.

Vn Musicien seul.

Lors que pour rire on s'assemble,
Les plus sages, ce me semble,
Sont ceux qui sont les plus fous.

Tous ensemble.

Ne songeons qu'à nous réjoüir,
La grande affaire est le plaisir.

FIN.

www.ingramcontent.com/pod-product-compliance
Lightning Source LLC
Chambersburg PA
CBHW051719090426
42738CB00010B/1995

* 9 7 8 2 0 1 2 7 5 2 6 5 8 *